한국 기독교 지도자 강단설교
김교신

엮은이 **KIATS**(Korea Institute for Advanced Theological Studies, 한국고등신학연구원)

KIATS는 세대를 잇는 기독교 인물 양성, 한국 기독교 유산의 집대성과 세계화, 동·서양 기독교의 상호이해와 소통, 교회와 성도들을 위한 범 교단적인 장을 마련하기 위해 2004년 설립된 단체로, '사람, 인프라, 네트워크'를 강조한다.

'하늘의 비밀을 훔쳐보고 이 땅에 실현하고자 하는 사람'을 발굴하여 세계적 시각으로 기독교 연구를 수행할 능력과 비전을 갖춘 인물을 키우고, '한국 기독교를 위한 연구의 장을 마련'하여 한국 기독교인들이 교회와 신학 연구에 매진할 수 있는 적절한 기반과 여건을 제공하며, '아시아 기독교와 서구 기독교의 파트너 관계를 형성'하여 상호이해와 공동번영을 위한 가교 역할에 매진하고 있다.

한국 기독교 지도자 강단설교
김교신

지은이 김교신
엮은이 KIATS
펴낸이 정애주

펴낸날 2008. 12. 19. 초판 발행
      2009. 6. 10. 2쇄 발행
펴낸곳 (주) 홍성사
    1977. 8. 1. 등록 / 제 1-499호
    121-883 서울시 마포구 합정동 196-1
    TEL. 02)333-5161 FAX. 02)333-5165
    http://www.hsbooks.com E-mail : hsbooks@hsbooks.com

ⓒ KIATS, 2008

ISBN 978-89-365-0793-0

값 10,000원 ※잘못된 책은 바꿔 드립니다.

믿음의 유산
韓國基督敎指導者講壇說敎

한국 기독교 지도자 강단설교

김교신

김교신 지음_ KIATS 엮음

홍성사

"믿음의 유산" 시리즈를 발행하며

한국 기독교는 세계 2,000년 기독교 역사에 유례가 없을 정도로 단시간에 박해와 고난, 열정과 헌신, 교회 성장과 선교와 같은 다양한 경험을 맛보았다. 이러한 경험은 조선 유학자와 초기 가톨릭 교우들의 논쟁, 박해와 순교를 내세와 참된 신앙에 대한 묵상으로 승화시킨 설교와 글과 시 등을 통해 고스란히 표출되었다. 하지만 현재를 사는 우리는 이를 가다듬지도, 그 진정한 가치를 온전히 인식하지도 못하고, 늘 서구 기독교만 동경하며 그 문화를 받아들이기에 급급했던 게 사실이다.

최근 들어, 지금까지 소홀했던 한국 기독교의 믿음의 유산을 발굴하여 현재의 삶과 신앙을 반성하려는 신앙인들이 늘고 있는 것은 무척 고무적인 일이다. 이런 맥락에서 KIATS(한국고등신학연구원)는 "믿음의 유산" 시리즈를 통해 한국 기독교의 유산을 집대성하고자 한다.

"믿음의 유산" 시리즈는 기독교 유래 초기부터 오늘에 이르기까지 한국 기독교의 특징을 잘 드러내 주는 신앙적 혹은 학문적 가치를 갖는 일차 문헌을 선별하여 담아낼 것이다. 먼저 목회자와 신학자를 포함한 성직자의 설교를 〈한국 기독교 지도자 강단설교〉로 묶어 펴

낼 것이며, 그 밖에 사회운동가, 정치가, 사상가, 문인, 예술인 가운데 기독교적 정체성을 갖고 한국 기독교에 공헌한 분들의 작품도 묶으려 한다. 원전을 정리하고 선별함에는 저자의 설교문과 논문, 수필과 단상, 시와 선언문, 단행본과 전집 등 활자화된 문헌을 우선으로 한다.

이 시리즈를 통해 독자들은 그동안 묻혀 있던 한국 기독교의 보석 같은 글을 다양하게 접하게 될 것이다. 이로써 치열하게 믿음의 본을 보이며 살다간 조상들의 신앙을 음미하여 오늘을 반추하며, 하나님께서 한국 기독교의 미래에 허락하실 원대한 계획을 꿈꿀 수 있을 것이다. 그뿐만 아니라 외국 번역물이 우리나라 기독교인들의 독서를 주도하는 상황에서 우리네 정과 풋풋함, 구수한 토속적 신앙을 한껏 맛보게 될 것이다.

가장 지역적인 것이 가장 세계적이라는 말이 있듯이, "믿음의 유산" 시리즈가 우리 것에 대한 진지한 성찰과 함께 세계적 차원에서 우리의 신앙을 발견하고 재정립하는 데 좋은 기회가 되길 소망한다.

KIATS를 대표하여 김재현

차례

머리말_양현혜(이화여자대학교 교수·교회사) 8

1. 참 기독교
하나님 중심의 신앙으로 돌아오라 25
〈성서조선〉이 전하는 복음 31
반야탕般若湯 35
망하면 망하리라 38
생명의 계단 42
크리스마스 47
송구영신送舊迎新 50
구제[대인對人관계] 53
기도[대신對神 관계] 63
먼저 그 의를 구하라 74
기소욕시어인己所欲施於人 83
존재의 전도 89

2. 삶과 신앙
입신入信의 동기 93
이상理想의 인물 101
나는 복음을 부끄러워하지 않는다 104
환난래患難來 107
환각호幻覺乎 110
나의 무교회無敎會 112

무교회 간판 취하取下의 의議 116
우치무라 간조론에 답하여 119
냉수마찰과 종교 140
영혼에 관한 지식의 고금 145
지질학상으로 본 하나님의 창조 151

3. **신앙과 민족**
〈성서조선〉 창간사 165
〈성서조선〉의 해解 169
조와弔蛙 173
조선지리소고 175
한양의 딸들아 202
포플러 나무 예찬 1 205
포플러 나무 예찬 2 209
부활의 봄 212
낙담하지 않는다 214

김교신 연표 218
김교신 연구를 위한 참고문헌 220

머리말 | 죽음을 이긴 사람 김교신

양현혜(이화여자대학교 교수·교회사)

김교신(1901-1945)은 한국 교회가 낳은 탁월한 교육자이며 기독교 사상가 중 한 사람이다. 그의 교육 사상을 논한 논문과 저서가 교육학계에서 수없이 나오고, 그를 참 교육자의 사표로 보는 이 또한 적지 않다. 한편 김교신의 기독교 사상에 대한 교회사학계의 연구 역시 활발하다. 그는 교단의 중심적인 목회자가 아니었다. 그럼에도 그에 대한 연구가 이렇게 활발한 이유는 무엇일까. 김교신은 한국 개신교 역사에서 왜 기독교여야 하는지, 기독교가 주는 능력의 본질은 무엇이며, 어떻게 하면 그것을 제대로 누리면서 한 세상을 두려움 없이 아름답게 살다 갈 수 있는지에 대해 가장 치열하게 고뇌하고 증거하다 간 사람이었기 때문이다.

김교신의 삶

김교신은 1901년 4월 18일 함경남도 함흥의 전통 있는 유가儒家의 가문에서 태어났다. 그는 한반도 획득을 위한 열강의 주도권 싸움이 전개되던 상황에서 성장하였고, 아홉 살 되던 해에는 조국이 일본의 식민지가 되는 것을 경험했다. 1919년 3월 함흥공립농업학교를 졸업한 김교신은 그해 일어난 3·1운동에 가담했다. 이 경험은 그에게 조선인으로서의 자각을 새롭게 한 계기가 되었을 것이다.

그 후 김교신은 일본에 건너가 1922년에 도쿄고등사범학교東京高等師範學校(현 츠쿠바筑波대학) 영어과에 입학했고, 이듬해 지리박물과로 전과했다. 이 시기에 그는 자기완성을 위해 유교적 수양의 길과 기독교적 구원의 길 사이에서 고뇌하다가 마침내 1920년 6월 도쿄에 있는 성결교회에서 세례를 받고 기독교에 입신入信했다. 그러나 세례를 받은 교회가 세속적인 이권 투쟁에 몰두하다 결국 목사를 추방하는 사태가 일어났다. 김교신은 교회의 내분에 실망하여 1920년 11월 교회를 떠나 정신적인 방황의 날을 보내던 중, 1921년 1월부터 우치무라 간조內村鑑三의 성서 연구회에 출석하게 되었다. 이후 귀국할 때까지 약 7년간, 우치무라에게 성서를 배웠다. 특히 우치무라의 최대 역작이라고 불리는 로마서 강의 때 김교신은 언제나 맨 앞좌석에 앉아 경청했다고 한다.

우치무라는 기독교를 "늘 곁에 있으며 살아 있는 예수 그리스도"

로 보았다. 즉 기독교를 역사적인 형태로만 볼 것이 아니라 오히려 역사적인 형태를 내부에서부터 파괴시키면서 스스로를 계속해서 새롭게 표현하는 영적 정신으로 파악하고자 했던 것이다. 김교신은 이러한 우치무라를 "세상에 둘도 없는 대大 선생"이라고 하며, 그가 진정으로 복음을 이해하고 있다고 생각했다. 그리고 이 복음의 진리를 일본 사회의 역사 현실 속에서 실천하고자 했던 우치무라의 사회 비평 활동을 '예언자적' 활동이라고 보고, 이러한 신앙의 자세에서 진정한 기독교적 삶의 태도를 발견했다. 이렇게 우치무라의 가르침을 받으면서 김교신은 마사이케 진政池仁, 이시하라 효에이石原兵永 등과 함께 가시와키 청년회柏木靑年會에 소속하고, 또 1925년부터는 우치무라의 조선인 제자 함석헌, 송두용, 정상훈, 유석동, 양인성 등과 '조선성서연구회'를 만들어 성서 연구에 전념하면서 기독교 진리의 근간을 습득해 갔다.

1927년 도쿄고등사범학교를 졸업한 김교신은 귀국하여 고향인 함흥의 영생여자고등보통학교 교사가 되었다. 이것이 교직 생활의 시작이며, 이후 서울의 양정고등보통학교, 경기중학교 등에서 약 15년간 교육을 통한 민족의식 각성에 힘을 쏟았다. 교사로서 김교신이 가장 중시한 교육 목표는 '진리의 구도에 의한 자기 확립'이었다. 김교신은 교육이라는 것은 인간의 귀중한 영혼에 관계되는 것으로 그 목표는 하나님 외의 어떤 것도 두려워하지 않는 인격을 형성하는 것에 있다고 생각했다. 따라서 인간의 귀중함을 무시하는 대량 생산적 속성의 방법을 지양하고, 오직 스승과 제자의 인격적인 만남 가운데 진리를 함께 추구해 가며 인격적인 감화를 통해 '자기'를 형성해 간다는, 말하자면 종교적인 구도와 같은 '점진적인 만성晩成'의 방법을 주장했다. 교사로서 김교신의 이런 모습에 대해 양정고등보통학교의 제자이자 후일 베를린 올림픽 마라톤 우승자였던 손기정은 "나는 지금까지 선생과 같이 진실된 교육자 그리고 애국을 여러 가지 면에서 스스로 실천해 온 분은 본 적이 없다. 선생은 실로 큰 분이었다"고 증언한다.

김교신은 조선의 모든 청소년이 "보통교육을 받고 바울을 읽고 예수의 복음을 들을 수" 있게 되도록 교육 보급에도 힘을 기울여 '일면일교一面一校'를 주장하고 스스로도 북한학원이라는 야학교를 설립했다. 그리고 일본 지배의 필연성을 부정하고 바른 조선상을 갖게 하기 위한 민족 교육에 힘을 쏟았다.

지리학을 전공한 김교신에게 특히 문제가 된 것은 이른바 '반도정체론'이었다. 반도정체론이란 반도인 조선의 위치가 지정학적으로 불리하고 그 때문에 조선은 정체되어 있으며 따라서 필연적으로 식민지가 될 수밖에 없다고 하는, 일본에 의한 조선 식민지 정당화론이었다. 김교신은 이러한 반도정체론을 극복하려고 스스로 "조선지리소고朝鮮地理小考"라는 논문을 써서 반도의 위치는 "넉넉히 한 살림을

지지할 만한 강산이요, 넉넉히 인류 역사에 큰 공헌을 제공할 활活무대"라고 주장했다.

한편 일본에서 귀국한 직후인 1927년 7월부터 함석헌, 송두용 등의 '조선성서연구회' 회원 다섯 명과 함께 잡지 〈성서조선聖書朝鮮〉을 발행하기 시작했고, 1930년 5월 제16호부터는 주필로서 〈성서조선〉 발행에 전 책임을 지게 되었다. 총독부의 검열로 삭제, 발행 금지 처분을 받으면서도 1942년 3월 폐간될 때까지 총 158호를 발간해 냈다. 김교신은 이 잡지를 통해 무교회주의적인 입장에 서서 기독교 전도를 행함과 동시에 스스로의 사상을 심화시켜 '조선산 기독교'를 주장했다.

김교신이 '성서조선'이라는 잡지명을 사용한 이유는 '조선과 자아自我의 관계'를 빼고 보편적 진리에 도달하는 것은 불가능하다고 생각했기 때문이다. 김교신에게 보편적인 진리를 추구하며 산다는 것은 자신의 유일한 진리 실천의 장인 식민지 조선 사회에서 기독교의 가르침을 실현하는 것이었다. 즉 "가장 사랑하는 대상인 조선"에 "최진最珍(가장 보배로움)의 선물"인 성서를 소유시킴으로써 조선을 성서에 기초한 존재로 변화시키는 것이었다. 이러한 생각의 일환으로 그는 동지 함석헌의 '성서적 입장에서 본 조선 역사'를 〈성서조선〉 제61호에서 제83호까지 2년여에 걸쳐 연재했다. 김교신은 '성서적 입장에서 본 조선 역사'를 "조선사에 사관을 부여한 유일한 조선 역사서"라고 평가하며 일제의 민족말살정책 속에서 신음하는 민족에게 고난의 의미를 밝힘으로써 희망을 견지할 것을 호소했다.

이와 같은 김교신의 활동은 일본의 탄압에서 벗어날 수 없었다. 식민지 당국은 〈성서조선〉 1942년 3월호의 '조와弔蛙'를 문제 삼아 김교신과 그 동지들이 독립운동을 했다는 혐의로 체포했다. 김교신이 조선인을 개구리에, 일본의 조선 지배 정책을 혹한酷寒에 비유하여 고난을 넘어서서 민족의 부활이 오는 날을 묵시적으로 서술했다는 것이다. 모든 정치적 저항의 언어가 금지된 당시 상황에서 김교신이 사용한 저항의 은유를 조선총독부가 제대로 독해한 결과였다. '성서조선 사건'으로 전국 각지의 〈성서조선〉 지우誌友 400여 명이 관헌의 취조를 받았고, 김교신, 함석헌, 송두용 등 13명은 1년간 투옥되었다. 김교신은 형사의 취조에 "그리스도와 인연이 끊어지는 경우가 있어도 나는 이 조선을 사랑하지 않을 수 없다"고 말했다 한다.

1944년 출옥 후 교직도 전도 활동도 할 수 없게 된 김교신은 일본질소비료흥남공장의 조선인 노동자 주택관리계 계장으로 입사했다. 그곳에는 5,000여 명의 조선인 노동자가 일하고 있었다. 김교신은 조선인 노동자의 생활 개선과 인격적인 각성에 힘을 기울였다. 김교신은 감시 속에서도 노동자들에게 한글을 가르쳤으며, 노동자들이 사용하는 석탄차를 스스로 끌기도 하고 하수도와 변소 청소를 했다. 그러다가 발진티푸스에 걸린 노동자들을 철야로 간병하던 중 그도 감염되어 해방을 3개월 앞둔 1945년 4월 25일 병사하고 말았다.

　김교신이 임종을 앞두고 최후로 남긴 말은 "나의 사십 평생에 처음으로 이 공장에서 민족을 내 체온 속에서 만나 보았소"라는 것이었다. 이 최후의 말은 노동자와의 생활을 통해 새 역사 창조의 태동을 민중 안에서 확인했음을 의미하는 것이리라. 그에게 '고난'이란 힘없는 자에게 강요된 무의미한 피해가 아니라 세상의 불의를 정화하기 위한 '창조적 수고'였다. 따라서 기꺼이 이를 짊어짐으로 하나님께 부여받은 본연의 인격을 회복해 가는 민중의 모습에서 민족의 독립과 재생을 온몸으로 실감할 수 있었던 것이다. 김교신은 늘 수평을 깨고 수직으로 성장해 가는 포플러 나무와 자신을 동일시했다. 그런 그가 최후에 본 비전은 외롭게 서 있는 한 그루 포플러 나무가 아니라 포플러 가로수와 같이 수직으로 서 있으면서도 끊임없이 수평과 연대하는 인간 생명의 대행진이었던 것이다.

김교신의 기독교 사상

　김교신의 기독교 사상의 특징은 무엇보다도 그가 기독교의 본질과 형식을 구별하여 그 형식을 극소화하고 본질에만 최대한 집중하고자 했다는 점이다. 그가 생각한 기독교의 본질은 하나님과 자신을 직접 연결하고, 이를 통해 세상으로부터 자기 자신이 해방되어 참 자유로운 존재로 변형되는 것이다. 그리고 이 자유는 타자와 적대적으로 대치하는 '자기 결정권'의 확보라는 소극적 단계를 넘어, 타자를 보존하는 사랑을 통해 인류 전체 속에서 본연의 자기를 실현해 가는 적극적인 자기 변형의 능력이라고 보았다. 즉 그에게 참 자유는 은총에 따라 주체적으로 사랑을 이룰 수 있는 능력이었던 것이다.

이러한 적극적인 자기 변형의 능력은 결코 형식에 가둬질 수 없으며, 하나님과 신자 개개인의 살아 있는 관계 속에 머물러 있을 뿐이다. 따라서 교회의 제도와 의식, 그리고 성직자가 있어도 이 정신이 살아 움직이지 않는다면 그것은 천박한 종교적 '도락道樂'에 불과한 것이라고 인식했다. 여기서 그는 하나님께로부터 공급되는 은총을 통해 참으로 자유한 존재로 자신을 변형하는 이 절대적인 특권과 책임을 중개하여 대신해 주겠다는 모든 종교적인 제도와 조직을 배격해야 한다고 인식했다. 그리고 이 기독교의 본질에 집중하여 하나님과 신자 개인 간의 직접성을 극명히 한 것이 다름 아닌 루터의 종교개혁이었다고 이해했다.

김교신이 무교회주의를 택한 이유도 여기에 있다. 무교회주의는 기독교를 신앙과 성서만으로 간소화하여 평신도들의 성경공부 모임이라는 최소한의 형식만을 제외하고는 모든 것을 소박한 자연스러움에 맡기고자 하는 것이다. 김교신에게 무교회주의란 형식을 최소한으로 간소화시켜 본질을 잃지 않으려는 정신이었다. 즉 무교회주의에서 교회론은 "있어도 그만이고 없어도 그만"인 부차적인 것이지만, 본질에 최대한 집중하여 그것으로 자신의 삶을 변형해 가고자 하는 정신이야말로 가장 핵심적인 가치이다. 김교신은 자신의 무교회주의를 "기독교인의 전 생명을 그리스도에게 넘겨 주는 일"로 여기며, 전적으로 그리스도 표준, 하나님 중심으로 살고자 한다는 것에서 '전적 기독교'라고 말하기도 했다. 동시에 그의 무교회주의는 이러한 지향성과 실천을 거부하는 모든 것에 비판, 항거하려는 정신이기도 했다.

물론 김교신도 유한한 인간들의 모임인 교회에 최소한의 형식이 필요함을 인정했다. 그러나 그는 외국 선교부의 형태를 금과옥조金科玉條로 답습하는 것은 수치스러운 일이라고 여겨 한국 교회가 마치 외국 선교부의 한국 지부 같은 형식을 취하는 것에는 철저히 반대했다. 그리고 독일에서 루터교회가, 영국에서 감리교회가 각각 출현한 것같이 한국에서도 선교사들의 손을 빌리지 않는 고유한 한국 교회의 존재 양식이 필요하다고 보았다. 왜냐하면 서구인과 마찬가지로 한국인도 하나님의 형상으로 창조받은 고귀한 존재이기 때문에 한국인으로서 자신의 역사와 전통을 수치스러워 하지 않고 하나님과 직접 연결하고자 하는 것, 나아가 그리스도 안에서 전통의 유산을 창조적으로 계승 발전시키며 사는 것을 하나님은 원하신다고 믿었기 때문이다. 따라서 그는 서구적 의식과 제도 속에서 졸고 있던 당시 조선 기독교에 통렬한 비판과 대결을 서슴지 않았다. 김교신이 〈성서조선〉

을 16년간에 걸쳐 총 158호 간행해 낸 것도, '조선지리소고'를 써서 조선의 구원사적 위치와 소명을 논한 것도, 함석헌의 '성서적 입장에서 본 조선 역사'를 연재한 것도 모두 민족적 정체성을 깨닫고 한국의 역사 전통에 강인하게 뿌리내릴 수 있는 '조선산 기독교'의 존재 양식을 모색한 고뇌의 일환이었던 것이다.

한편 김교신은 신자 개개인이 자신의 삶 속에서 기독교의 정신을 형상화하는 것이 신앙의 중요한 요체要諦 가운데 하나라고 보았다. 그는 성서를 통해 우리에게 말 걸어 오시는 그리스도에 의거하여 신자의 '일거수일투족'이 움직임으로써 신자 자신의 삶이 변화하는 것이 가장 중요하다고 보았다. 그리하여 그의 삶에 정직과 정결이 넘침으로써 이웃에게 유익을 끼치는 것, 어떠한 상황에서도 불굴의 희망을 품고 평온과 기쁨을 누림으로 이웃에게도 평화를 끼치는 것, 이러한 그리스도의 정신을 형상화하는 삶을 통해 기독교의 능력의 증인이 되어야 한다고 보았다. 그는 말만으로 하는 전도를 극도로 위험시했다. 오직 신자의 삶의 증거를 통한 '존재의 전도'만이 참 전도라고 했다.

마지막으로 김교신의 기독교 사상의 특징은 '예언자적 기독교'라 할 수 있다. 그는 참다운 기독교에서 복음과 예언은 양자택일이 아니라 언제나 어깨를 나란히 하며 병존해야 한다고 인식했다. 왜냐하면 복음 안에서 타자를 사랑할 수 있는 참 자유한 자로 변형된 기독교인들은 이러한 자유와 사랑의 원리를 가로막는 모든 불의한 현실에 비판, 항거하지 않을 수 없기 때문이다. 김교신은 종교가 개인의 내면에만 침잠하는 것에 반대했다. 그에게 참다운 기독교란 "그 시대의 나라의 움직임에 대응해 모든 진리의 적에 대항하여 새롭게 선전포고하는 정신"이었다. 즉 참다운 기독교는 창조 세계에 대해 선한 청지기로서 소명을 다하며 이웃과의 연대에 대한 책임을 자각하는 예언자일 수밖에 없다는 것이다.

살아생전 김교신은 한국 교회의 외로운 이단자였다. 그가 교사 생활을 하면서 시간을 쪼개어 기도와 피로 쓴 〈성서조선〉은 지우가 겨우 400명을 넘지 못했고, 지금도 일부 교단에서는 무교회주의는 교회를 부정하는 이단이라고 백안시白眼視하는 풍조가 적지 않다. 그런데도 우리는 왜 지금 김교신을 그리워하는가.

한국 교회는 인구 1,000만을 자랑하고 미국에 이어 선교사를 가장 많이 파송하는 교회가 되었다. 김교신이 살던 시대의 개신교 인구 40만에 비해 어마어마하게 몸집을 불린 것이다. 그런데 이렇게 성장한 교회에 기독교의 정신과 능력에 대한 증인으로서의 표징은 눈 씻고 봐도 찾기가 어렵다. 교회에, 그리고 개신교인들의 삶에 정직과 정결이 있는가. 상황에 좌우되지 않는 불굴의 희망에 근거한 평화와 안식이 있는가. 그리고 거기에서 흘러나오는 고요하며 요동치 않는 기쁨이 있는가. 또한 교회가 한국인으로서의 전통과 역사를 가지고 하나님과 직면하며 그리스도 안에서 그 전통을 창조적으로 계승하고 있는가. 하나님이 지으신 이 아름다운 창조 세계를 사랑의 봉사를 통해 제대로 섬기고 있는가. 한마디로 하면 기독교의 정신이 살아 움직이고 있는가.

우리는 이 질문 앞에서 부끄럽고 무력하다. 그러나 우리 기독교인들은 이러한 수치 앞에서 자괴감으로 무너져 내리고만 있을 수 없다. 우리는 김교신과 같은 신앙의 선배에게 격려받고 배우고 싶다. 기독교가 주는 놀라운 능력을 제대로 누리는 법을 배우고 싶다. 복음을 부끄러워하지 않는 참 기독교인이 되고 싶다. 또한 복음과 성령을 슬프게 하지 않는 참 기독교인이 되고 싶다.

이 책의 구성

이 책은 김교신의 신앙과 삶을 대변해 주는 중요한 글들을 모아 크게 세 부분으로 분류했다. 첫째는 기독교에 대해 논한 글들을 '참 기독교'라는 주제로 모았다. 김교신은 '생명 없는 형식의 껍질'과 '세속주의'의 양 극단에서 졸고 있는 기독교인들을 향해, 불신자에게 회개를 촉구하기 전에 저 자신이 먼저 회개해야 한다고 일침을 가한다. 또한 길흉화복을 예측하여 특별한 청탁으로 하나님의 총애를 탐닉하는 신기한 술수가 기독교라고 생각한다면 그것 역시 심각한 오해라고 말한다. 그리고 기독교인은 허위의 평안 중에 안심하기보다는 오히려 불안 속에서 수척해질 수 있는 자이며, 마비된 채로 덧없이 살기보다는 각성 중에 고민하며 깨어 있는 자여야 한다. 또 종말론적인 희망이 견지되는 자리에서 늘 역사에 책임을 지고 사는 자이며, 하나님께 속하였음으로 더 이상 다른 것을 필요로 하지 않는 충족된 자로서 평화와 정의, 자유의 삶을 창조하기 위해 한 걸음 한 걸음 움직이는 자이다. 아울러 커다란 빛을 대망待望하기 때문에 가장 어두운 시대의 한복판에서도 머리를 들고 전진할 수 있는 자이며, 그 결과로 세상에서 망하게 되면 이 또한 '안심하고 망할 수 있는 자'라고 한다. 그에게 참 기독교란 '죽음을 이긴 종교'이기 때문이다.

둘째는 김교신의 '삶과 신앙'의 궤적에 대한 글을 모았다. 유교의 수신修身과 기독교의 구원의 진리를 비교하며 고뇌하는 정황, 우치무라와의 만남, 무교회주의의 본질에 대한 천착 등 그의 신앙과 삶의 발자취를 따라가 볼 수 있을 것이다. 특히 무교회주의의 본질적 보편적 정신과 일본적 형식을 준별하고 그것을 조선 기독교인으로서 주체적으로 계승하고자 한 김교신의 신앙과 사상의 치열한 주체성을 읽어 낼 수 있을 것이다.

셋째로 그가 '신앙과 민족'이라는 주제를 어떻게 연결하였는지 보여 주는 글을 모았다. 조선의 정신적인 전통을 기독교를 매개로 하여 창조적으로 계승하고자 한 그의 전통 계승 양식이 우리의 주목을 끄는 것은, 서구의 종교인 기독교를 전통에서의 탈출과 배제를 위한 매개로서가 아니라 전통을 내재적으로 초극하는 매개로 파악한 점에 있다. 이런 점에서 기독교는 김교신에게 주체적인 민족 정체성을 형성하는 힘이자, '약자의 자존을 보존하시는' 하나님의 공의와 긍휼하심을 바라며 그것을 역사 속에서 형상화하고 증거하도록 조선의 역사를 변형해 가는 창조적 역사 형성의 힘이었던 것이다. 하나님은 우리 안에서와 같이 역사 안에서도 매 순간순간 주어진 상황을 뚫고 새 역사를 창조하시는 창조의 하나님, 불가능이 없으신 하나님이기 때문이다.

이 책은 이러한 김교신의 신앙과 삶의 치열한 고뇌와 진정성을 생생하게 느끼게 해 줄 것이다. 그리고 그가 증거한 복음의 능력을 생동감 있게 전해 줄 것이라고 확신한다.

일러두기

1. 이 책은 김교신 선생이 주필主筆로 있던 잡지 〈성서조선〉에서 그의 삶과 신앙, 사상을 잘 드러내는 글을 선정하여 정리한 것이다. 각 글 말미에 〈성서조선〉에 발표된 실제 연월일과 제호를 밝혀 두었다.
2. 원전의 맛을 살리기 위해 본문의 성경 인용은 김교신 선생이 사용한 그대로 옮겼다. 그의 성경 인용이 오늘날의 개역개정 성경과 많이 다를 경우 성경 본문을 추가로 기록했으며, 인용 출처가 잘못된 곳은 엮은이가 교정했다.
3. 한자나 옛말의 경우 가급적 원문 그대로 남겨 두었으며, 이해를 돕기 위해 한자를 추가하거나 ( ) 안에 보충설명을 했다.
4. 원전의 의미를 변화시키지 않는 범위에서 조사 등의 보조어를 첨가했으며, 본문의 모든 문체를 경어체(습니다)로 바꾸었다.
5. 본문에 사용된 기호 중, ( ) 안의 내용은 엮은이가 독자의 이해를 돕기 위해 보충설명을 한 것이고, [ ] 안의 내용은 저자인 김교신 선생이 직접 기재한 부분으로 각각 구별하여 표시하였음을 밝힌다.

1. 참 기독교

韓國基督教指導者講壇說教

하나님 중심의 신앙으로 돌아오라

"독사의 종류들아 누가 너희를 가르쳐 장래의 노하심을 피하라 하더냐 그런고로 회개함에 합당한 열매를 맺고 맘속에 생각하기를 아브라함이 우리 조상이라 하지 말라 내가 너에게 이르노니 하나님이 능히 이 돌로도 아브라함의 자손이 되게 하시리라"(마 3:7-9).

이것은 광야의 선지자 세례 요한이 세례를 받으러 나온 바리새교인과 사두개교인을 보고 발한 책망입니다. 왜 그는 이런 격분한 말을 했습니까? 저들이 양심의 갈급함이 없이 형식으로 외모外貌(겉모양)로 나왔기 때문이었습니다. 사람의 '양심' 위에 "주의 길을 예비하며 그 첩경을 곧게 하자"는 그의 눈에는 외모의 믿음은 간교한 독사의 일같이 가증하게 보였던 것입니다.

우리는 이제 이 같은 부르짖음을 그리스도 신자를 향하여 보낼 필요가 있는 때에 왔습니다. 은혜와 진리가 흘러넘쳐 사막 같은 이 세상에 생명물을 공급하는 오아시스여야 할 하나님의 교회는 저 자신이 물이 다한 우물처럼 타 말라 보기 싫은 신조(信條)(신앙의 교의)의 죽은 껍질만을 남겼을 뿐입니다.

오늘날의 신자를 향하여 "그대는 믿는 자냐"고 물으면 "그렇다"고 대답합니다. 그러나 그 믿음이란 어떤 것입니까? 교회 명부에 이름이 있는 것이요, 주일과 기도회에 열심으로 출석하는 것이요, 날마다 성경 보고 목소리를 높여 찬미하고 장강유수(長江流水)(긴 강의 흐르는 물)의 기도를 드리는 것이요, 연보를 하고 구제하는 것입니다. 그리고 그것밖에 없습니다.

오늘날의 신자를 향하여 "그대가 예수를 믿는 목적은 무엇이냐"고 물으면 곧 대답하기를 "죄 속함을 입어 영생에 들어가기 위하여"라고 합니다. 그러나 사실이 그렇습니까? 그보다도 생활이 나아지기 위하여, 남의 신용을 얻기 위하여, 인격 수양을 위하여, 사회사업을 하기 위하여 믿는 자가 더 많지 않습니까? 그 증거로는 저희 중에 자기 죄를 위하여 슬퍼하는 자가 없습니다. 그들은 죄라면 살인강도나 간음, 사기 같은 법률상의 죄로만 알 뿐이요, 그것이 없는 한 자기는 의인인 줄로 압니다. 기도할 때는 습관처럼 "저는 죄인이오나……" 하나, 머리를 들고 있는 동안은 자기가 죄인이라는 생각은 조금도 없습니다. 영생을 원한다고 하나 그 영생이란 늙은이에게는 욕심밖에 더 되는 것 없고, 젊은이에게는 내용 없는 말밖에 되는 것이 없습니다. 불신자가 누리는 세상 영화에서 털끝만 한 것도 빼지 않고 다 누린 후, 천당에 가서 불신자는 못 가지는 복락을 또 한 가지 더 얻자는 것이니 욕심의 변태가 아니고 무엇이며, 몸은 비록 죽으나 우리의 사업과 정신이 후에 긷는[1] 것이라고 생각하니 텅 빈 말만 아니고 무엇입니까.

오늘날의 신자는 말마다 하나님의 일이라고 합니다. 그러나 그 하나님의 일은 어떤 것입니까? 교회를 세우는 것입니다. 유치원을 하는 것입니다. 농촌 사업을 하는 것입니다. 하기夏期 아동성경학교를 하는 것이요, 청년회, 하령회夏令會(여름수련회)를 하는 것입니다. 그리고 그것을 하기 위하여 불신자에게도 기부를 청하고 남의 보조를 받고 운동을 하고 교섭을 하고 선전을 합니다. 거기도 수완이 있어야 하고 책략이 있어야 하고 우량한 성적을 말하는 높은 숫자의 보고서가 있어야 합니다. 오늘날의 신자는 전도를 열심으로 합니다. 불쌍한 영혼을 구원하기 위하여 한다고 합니다. 그러나 그 불쌍한 영혼은 끌려서 어디로 갑니까. 하나님께로 갈까요 예수께로 갈까요. 아니, '우리 장

---

1. '남는'의 옛말.

로교'로 가고, '우리 감리교'로 갑니다. 때로는 좌우편에서 끌어 그 가련한 양은 갈팡질팡하는 수도 있습니다. 그것을 없애기 위하여 구역의 설정이 있습니다. 저기는 네 구역, 여기는 내 구역, 재산 분배를 청하는 사람을 보고 "누가 나를 너희 위에 법관과 물건 나누는 자로 삼았느냐"고 책망했던 예수가 그 구역을 분배하였겠습니까?

통痛히(애통히) 말하면 오늘날 교회의 신앙은 죽었습니다. 그 정통이라는 것은 생명 없는 형식의 껍질이요, 그 진보적이라는 것은 세속주의입니다. 이제 교회는 결코 그리스도의 지체도 아니요, 세상의 소금도 아니요, 외로운 영혼의 피난처조차 되지 못합니다. 한 수양소요, 한 문화기관입니다.

기독교는 그런 것이어서는 안 됩니다! 다른 종교는 몰라도 적어도 기독교만은 형식에 떨어지고 세속주의에 빠져서는 안 됩니다. 그리스도가 십자가에 못박힌 것은 바로 그 형식의 종교와 세속주의를 박멸하기 위해서가 아니었습니까? 이제 다시 그와 영합하는 것은 분명히 그리스도를 배반하는 일입니다. 그리스도를 믿는 자는 그를 생명으로 아는 자가 아니면 안 됩니다. 그에게 절대 복종하고 절대 신뢰하는 자가 아니면 안 됩니다. 그가 명령하기를 부모나 형제나 처자보다 자기를 더 사랑하라 하였으면 그대로 하는 것이요, 날마다 제 십자가를 지고 따라오라 하였으면 그대로 하는 것입니다. 믿음이란 그저 말로나 외모의 행동으로만 하는 것이 아니요, 자기의 전 생명을 그리스도에게 넘겨주는 일입니다. 종래 자기 표준, 인간 중심으로 살던 것을 그리스도 표준, 하나님 중심으로 사는 일입니다. 자기에 대하여 죽고 그리스도로 사는 일입니다. 그런고로 신앙은 안에 있는 것이요 밖에 있지 않으며, 양심에 있고 행동에 있지 않습니다. 하나님의 요구하시는 것은 통회痛悔한 영혼이요, 제사가 아닙니다. 고로 모든 교회 규모規模(규범)를 다 지키고 외양外樣의 행동을 선히 하여도 '나'를 하나님께 바치지 않는 이상 신앙은 아닙니다. 내 영혼이 구원 얻기 위하여, 내 인격이 높아지기 위하여, 내가 영생하기 위하여, 내 가족, 내 민족이 살기 위하여 하나님을 부르는 것은 아무리 열심이 있고 경건이 있어도 신앙은 아닙니다. 그것은 내 재산, 내 세력을 모으려는 것보다 정도는 높을는지 몰라도 '나' 표준, '인간' 중심이라는 것에 변함이 없습니다. 그리고 이것처럼 하나님이 미워하는 것은 없습니다. 죄란 살인강도를 가리킴이 아니요, 하나님을 거역하고 사람이 자기중심이 되는 것입니다.

회개하지 않으면 안 됩니다! 오늘날의 신자는 그 거짓 신앙에서 뛰어나와야 합니다. 그 '나' 표준의 태도를 버리고 그 문화주의 살림을 폐해야 합니다. 모든 것을 다 하나님에게 돌리는 하나님 중심의 믿음으로 돌아와야 합니다. 불신자에게 회개를 권하기 전에 저 자신이 먼저 회개할 필요가 있습니다. 예수는 바리새교인더러 천국 문에 서서 자기도 아니 들어가고 남도 못 들어가게 한다고 책망하셨습니다. 오늘날 교회가 떨치지 못하는 원인은 불신자에게 있는 것이 아니요, 신자 자신에게 있습니다. 형식주의, 문화주의의 거짓 신앙을 가지고 있는 한, 오늘날의 신자는 역시 천국 문을 가로막아 서는 자입니다. 아아, 무서운 일이여! 저희는 속히 이 무서운 자리를 떠나야 합니다. 회개하고 성령을 고쳐 받고, 성경을 고쳐 읽으므로!

 내 뜻대로 헤매었던 탕자가 돌아옴같이 삶, 신앙을 도로 찾아 하나님께로 돌아와야 합니다!

제83호(1935. 12.)

〈성서조선〉이 전하는 복음

〈성서조선〉이 전하는 주조主潮가 무엇입니까. 과연 복음이라고 할 만한 '복음'을 전합니까, 전하지 않습니까? 〈성서조선〉의 필자들은 개인적 신비한 체험을 말하거나 글쓰기를 즐겨하지 않습니다. 그러므로 〈성조聖朝〉[1]지誌 상에는 선다싱[2]이나 스베덴보리[3] 같은 이들의 선경仙境(신선이 사는 곳) 소식을 전함이 희귀할뿐더러 차라리 그 이름들

---

1. 〈성서조선〉의 줄인 말.
2. Sundar Singh, 1889-1929. 인도와 티베트의 복음화를 위해 헌신한 인도인 선교사. 맨발로 인도 땅을 밟고 다녀 '맨발의 사도'라 불렸다.
3. Emanuel Swedenborg, 1688-1772. 스웨덴의 과학자·철학자·신학자·신비주의자. 1741년 영적 생활을 시작하면서 천사나 여러 신령과 말하고, 천계 및 지계에 대한 독자적인 해석을 시도했다. 그가 죽은 후 추종자들에 세운 스베덴보리 학회는 '새 예루살렘교회' 또는 '스베덴보리주의자'라고 불리는 '새 교회'의 핵심을 이루었다.

1. 참 기독교

까지도 경원敬遠(공경하되 가까이하지는 않음)하는 바이니, 이는 저러한 성도들을 무시하여서 그러함도 아니요, 내 것만이 가하다고 자랑하고자 하여서 그런 것도 아니요, 단지 〈성서조선〉의 어찌할 수 없는 경향이 그렇다는 것뿐입니다. 우리의 믿는 바는 독특한 신비경을 배회함이 없고, 공전절후空前絶後(전에도 없고 앞으로도 없음)한 신新 진리를 자랑함이 없더라도, 평평대로平平大路를 가는 것처럼 현대의 당연한 과학적 교양을 받은 청년으로서 통상 인간의 도덕적 양심을 소유한 자이면 능히 기독교의 오의奧義(매우 깊은 뜻)에 통달할 수 있는 줄로 확신하는 바이며, 따라서 이 평탄하고 담백하고 당연한 도리가 본지의 전달하고자 하는 바였습니다. 물론 "사람이 거듭나지 않으면 천국에 들어가지 못한다"고 하나, 거듭나는 것은 성령으로 인하여 거듭나는 것이지, 인위적으로 환장換腸하는 것은 무용유해無用有害(쓸모없고 해로움)할 따름입니다. 종교를 논하는 자 중에 자작自作(스스로 만듦)으로 거듭난 곡예자曲藝者가 어찌 그리 많습니까. 우리는 비록 기독교의 오전奧殿(가장 깊은 곳)에 입참入參(들어감)하지 못한다고 해도 가可하고, 차라리 지옥에 떨어진다 해도 가하니, 천품天稟(타고난 기품)의 이성과 인간 공유의 도덕적 양심을 포기하고는 살 수 없는 자입니다. 그러므로 바울과 같이 "하나님 앞에서 각 사람의 양심에 대하여 스스로 천거하니" [고후 4:2], 이는 가장 평범한 길입니다.

〈성서조선〉의 필자들은 신학을 논평할 줄 모릅니다. 전에 신학교 출신이 집필할 때에도 신학적 논설을 즐겨 하지 않았거니와, 현금現今(지금) 본지의 필자들은 그 주필을 위시하여 모두 신학에는 인연이 없는 자들뿐이니, 바르트[4] 신학이 전 세계를 풍미한 지 이구已久(이미 오래 됨)한 이때까지도 바르트의 신학을 한번 지상에 소개할 여백이 없었습니다. 이 역시 신학의 무용無用을 주창하고자 하여서가 아니라, 〈성조〉지의 본령이 아닌 까닭입니다. 본지는 성서, 그 물건을 깊이 미해味解(뜻을 풀어 파헤침)하여 그리스도의 말씀, 사도들의 신앙 그대로를 전달하면 족할 뿐입니다. 새로운 것도 없이 2000년 전의 기록 그대로에서 영혼의 양식을 발굴하고자 합니다.

그러나 〈성서조선〉의 내용을 유치하다, 천박하다고 멸시하기는 우리의 친근한 우인友人—남들이 한 덩어리로 비교회파非教會派라고 몰아치는 자 중에서 시작하였고, 본지의 외모만 보고서 위험시하며 질투시하기는 황평黃平(황해도와 평안도) 지방과 영남 지방을 위시하여 전 반도의 교권자敎權者 사이에 파급되었습니다. 본지를 강대講臺 위에서 소개한 목사는 이단자로 몰고, 구독하던 신도는 교회에서 축출되고, 본지로써 위안을 얻던 환자는 병상에서 핍박받았습니다. 우리는 스스로 반성하고 답답한 지 장구長久(길고 오램)하였습니다. '조선을 위

---

4. Karl Barth, 1886-1968. 스위스의 신학자. 가톨릭의 권위주의와 근대 신학의 인간적 경향을 물리치고, 절대적이고 초월적인 신과 현재를 사는 자기와의 관련성을 묻는, 이른바 변증법적 신학 운동의 지도자가 되었다. 히틀러의 국가사회주의 및 그에 동조했던 독일 기독교에 반대하였고, 이를 위한 교회 투쟁의 중요 문서인 '바르멘 선언'을 기안하였다.

하여 생각할진대 차라리 〈성조〉지는 없느니만 같지 못하다'고. 그러나 이제 나환자의 입증을 보니, 우리를 괴롭게 하던 의운疑雲(의심의 구름)은 비산飛散(날아서 흩어짐)하였습니다. 신학자가 멸시하려거든 하십시오. 교권자가 핍박하려거든 하십시오. 죽음에 임한 나환자가 읽고 환희하여 "하나님을 찬송할 만한 문자文字가 〈성서조선〉의 주조로 기재되어 있다" 할진대, 그것이 복음입니다. 죽음을 승첩勝捷(이김)하는 음신音信(소식)을 천국의 복음이 아니라고 할 이가 누구입니까. 기독교계의 여론이야 여하如何하였든지, 고통의 극極, 비수悲愁(슬픈 근심)의 단端(끝)에 처한 형자兄姉(형제와 자매)가 본지로 인하여 함께 주 그리스도를 송영頌榮할 때에 〈성서조선〉 발행자로서의 양심의 평정을 비로소 느낍니다.

제76호(1935. 5.)

반야탕般若湯[1]

하나님의 심판을 알아 죽을 범죄인 줄 알면서도, 악을 자기가 행할 뿐만 아니라 타인이 범함을 즐거워하는 것이[롬 1:32] 사람의 통성通性(공통된 성질)입니다. 다른 예는 차치하고라도 음주飮酒하는 이가 금주禁酒하는 이에게 권주勸酒하는 그 의용義勇[?][2]과 강권强勸하여 성공한 때의 만열滿悅(만족하여 기뻐함)을 보아 우리는 성경말씀의 일구도 할인割引(어느 정도를 뺌)할 수 없음을 승인하지 않을 수 없습니다.

모 연석에서 불교 신자인 청년 문학사가 권주하여 말하되, "나는

---

1. 중들의 은어로 '술'을 이르는 말.
2. '의용'이란 말은 원래 '의를 위하여 일어나는 용기'를 의미한다. 따라서 이 부분은 김교신이 의도적으로 물음표를 넣어 역설적 표현을 강조한 것으로 보인다.

부디스트다. 우리는 술을 술로 마시지 않고 반야탕이라 변칭變稱하여 마신다. 너희 기독 신자가 만일 계명에 주저하는 바가 있거든 우리 불교 신자를 모방하여 술의 명칭을 변경함이 양책良策(좋은 계책)이 아니냐"고 말했습니다.

이렇게 말하는 불교 신자의 안구眼球에는 자가종교自家宗敎의 융통성과 자기 자신의 아량에 대한 십이분十二分(충분한 정도를 훨씬 넘는 정도)의 자신自信이 발로發露(겉으로 드러남)되어 보였습니다. 저 역시 그 지혜의 종횡縱橫함에 황홀하여 종교의 요결要訣(긴요한 뜻)이란 결국 여기에 있는 것이냐고 자문자의自問自疑 하기를 수각數刻(몇 시간)이나 하였습니다.

종교란 무엇입니까? 술을 마시면 불가한 줄로 알았던 것이 반야탕이라 변칭하여 양심의 가책 없이 마실 수 있는 데에 종교의 과과果果(열반의 다른 이름)가 있다 할진대, 이는 양심을 예민하게 하는 것이 아니요, 오히려 마둔磨鈍(갈아서 무뎌짐)하게 하는 것입니다. 이런 점으로 보아 만일 불교가 종교라 하면 기독교는 종교가 아닐 것입니다. 우리는 음주하는 자를 악인, 하지 않는 자를 전부 선인善人이라고는 속단하지 않습니다. 그러나 만약 술을 반야탕이라 개칭하지 않고는 '법의法衣의 사師'(법의를 걸친 선생, 즉 스님을 일컬음)가 마시지 못하리만큼 비성비선非聖非善한 것이라 할지라도, 별명으로 대칭代稱함으로써 양심의 가책을 피한다 함은 우리 기독자로서는 도저히 용허容許(용납하여 허락)

하지 못할 일입니다. 반야탕을 마시는 교양 있는 부디스트보다도 술을 술대로 마시는 무교육, 무종교자에게 오히려 취할 바 있음을 어찌 우리만이 췌언贅言(쓸데없는 군더더기 말)하겠습니까? 원컨대 술은 술이라 하고 물은 물이라 합시다. 종교 신자가 되기 전에 정직한 학도가 되고 충실한 시민이 됩시다. 허위의 평안 중에 안심하고 왕생往生(다른 세계에서 다시 태어남)하느니보다, 정직한 박사 존슨[3]과 함께 사후 심판에 대한 불안과 공포를 품고 이 세상을 떠나기를. 안심에서 비대하기보다 불안에서 수척하여지기를. 마비되어 부생浮生(덧없이 삶)하기보다 각성하며 고민하기를.

오오, 사실을 사실대로 합시다. 이를 음위蔭僞(어두운 곳에서 속임)하는 종교나 학자나 사회나 국가나 모두 멸망할 것입니다. 또 멸망하라.

제8호(1929. 8.)

---

[3]. Samuel Johnson, 1709-1784. 영국의 시인·평론가. 후에 문학상의 업적으로 박사 학위가 추증되어 '존슨 박사'라 불렸다.

망하면 망하리라

유대인의 고아, 그 숙叔(아저씨)을 따라 정처 없이 방랑하던 일개 소녀 에스더가 천만千萬(아주) 의외에 당시의 대국 바사(페르시아) 왕의 왕후로 선정된 후 얼마 안 된 때의 일입니다. 하만의 간계에 의하여 200여 만 이스라엘 백성이 일조一朝(하루아침)에 잔멸당할 운명이 처마 끝에 급박하였을 때에, 연수軟手(부드러운 손)로 능히 한 민족의 비운을 전환하게 한 것은 과연 에스더의 '망하면 망하리라'는 일언一言의 힘이었습니다. 에스더가 무릅쓴 모험이 얼마나 위험한 일이었는지는 바사 궁실 전범典範(규범)을 보아야 압니다. 에스더는 적어도 '사死'를 모험한 것입니다. 미주美洲를 발견한 콜럼버스, 보름스 회의[1]에 임한 루터, 남북전쟁을 선언한 링컨, 암흑 대륙을 탐험한 리빙스턴 등은

다 에스더와 같이 '망하면 망하리라'는 표지標識로 생활한 자들이었습니다. 그것 외에는 남보다 별다른 것이 없었으나, 그것이 귀한 것이었습니다.

현대인들—신자, 불신자의 구별이 없이—이 가장 원하는 것은 '땅 짚고 헤엄치는 일'입니다. 은급恩級제도², 보험제도는 물론이고 자질子姪(자녀)의 교육, 실업實業의 경영, 종교에 귀의 등등의 결국은 개인적으로나 단체적으로나 '땅 짚고 헤엄치자'는 목적을 달하려는 과정인 것뿐입니다. 그러나 우리가 실제로 유영游泳(물속에서 헤엄치며 놂)할진대, 땅을 짚고 할 동안은 유영의 참맛을 영구히 알 수 없습니다. 빠지면 익사할 위험 있는 창파滄波(넓고 큰 바다의 푸른 물결)에서라야 비로소 유영의 쾌미快味(상쾌하고 즐거운 느낌)가 납니다. 생물이 그 생명을 발육하며 종족을 보지保持(온전하게 잘 지킴)함에는 '땅 짚고 헤엄치는' 주의가 안전하기는 안전하나, 거기서는 기계 윤전輪轉(바퀴가 돎)의 마찰 소리는 들릴망정 생명 약동의 기쁨의 노래는 발할 수 없습니다. 해어鮭魚(연어)가 청계淸溪(깨끗한 시내)를 좇아 소영溯泳(거슬러 헤엄침)함과 이어鯉魚(잉어)가 폭포를 거슬러 뛰어오르는 일들은 위험하다면 실로 위험한 일이나 이는 어쩔 수 없는 생명의 본질입니다. 생명이 강성할수

---

1. 8세기부터 16세기까지 독일의 보름스에서 열린 신성로마제국의 회의. 1521년에 독일의 황제 카를 5세가 루터가 주도하는 신교新敎를 탄압할 목적으로 연 의회가 유명하다.
2. 당시의 연금제도.

록 저는 폭포를 만났을 때에 용약勇躍(용감하게 뜀)하지 않고는 참지 못합니다.

기독교의 신앙생활을 요약하면 기실은 '망하면 망하리라'는 생활이 그 전부입니다. 아브라함이 독자 이삭을 제단에 바칠 때, 모세가 이스라엘의 어리석은 군중을 거느리고 출애굽 할 때, 저들은 후세에 우리가 읽는 바와 같은 신기한 이적이 으레 있을 것을 미리 알고 행한 것이 아닙니다. 다만 알기는, 망하면 망하더라도 절대 명령에 순종한 것뿐이었습니다.

다니엘과 하나냐와 미사엘과 아사랴 등의 유대 소년들이 당대의 바빌론 왕 느부갓네살의 위풍에도 불복不服한 것은 저들이 무슨 술법術法이나 꿈으로나 혹은 성신聖神으로써, 사자 굴에서도 안전히 생환生還(살아 돌아옴)하며, 철용로鐵熔爐(용광로)에서도 무사히 구출될 것을 미리 보장받은 후에 감행한 것이 아니었습니다. 다만 망하면 망할지라도 의義에 합당한 것, 신의神意에 합한 일이면 감행하고, 땅 짚고 헤엄치듯이 안전한 일이라도 불의한 것은 거절한 것뿐입니다. 그렇게 행한 결과에 하나님 편에서 특별한 능력으로 저희를 구출하였습니다.

신앙생활이라 하여 복술자卜術者(점을 치는 사람)처럼 길흉화복吉凶禍福을 예측하거나 특별한 청탁으로써 하나님의 총애를 편취偏取(치우쳐 취함)하는 것을 능사로 아는 것은 대단한 오해입니다. 신앙생활은 기술奇術이 아니라, 천하의 대도大道, 공의를 활보闊步하는 생활입니다.
'망하면 망하리라'는 각오로써.

제63호(1934. 4.)

생명의 계단

생명은 어디에서 왔습니까? 누구나 없이 다 가지는 의문입니다. 그러나 아무도 대답하는 이가 없습니다. 풀을 보십시오. 나무를 보십시오. 또한 적아赤兒(막 태어난 아이)를 보십시오. 거기에 생명이 있을 뿐입니다.

파[葱] 한 뿌리에도 생명을 볼 수 있고, 그 세근細根(잔뿌리)의 첨단尖端(뾰족한 끝)에서 박편薄片(얇은 조각)을 떼어 낸 데도 생명의 세포가 세포액과 핵과 세포막 등의 생명 단위인 한 왕국을 현미경 아래에 나타내고 있습니다.

파뿌리의 일개 세포에 들어 있는 생명과 아메바의 단세포 생명과 곤포昆布(다시마)의 생명과 고비¹의 생명과 백합화의 생명과 소나무의 생명과 벌[蜂]의 생명과 원후猿猴(원숭이)의 생명과 인류의 생명 사이에 무엇이 특이함이 있습니까? 다만 단세포에서 다세포로, 단순에서 복잡으로 변화의 정도가 다르고 발달의 차이가 있을 뿐입니다. 또다시 생명 의식의 존재로써 표준하여 하등식물과 고등동물을 비교할 때에 현저한 차별이 있는 듯이 보이나 어간於間(시간이나 공간의 일정한 사이)의 각 계단을 서로 비교하여 볼 때에 이 역시 50보 100보의 우계愚計(어리석은 계획)임을 발견합니다.

원후류 이하의 모든 생명과 인류의 생명과의 사이에 거대한 구거溝渠(도랑)를 만들어 근본적으로 생명의 등급을 이분二分하려는 노력은 인류 역사상에 특출한 대역사大役事였습니다. 교도敎徒들뿐 아니라 이교도들도 이 일만은 공통의 소원이었습니다. 만일 그 소원대로가 사실이었던들 필자 역시 얼마나 다행이었겠습니까.

원후류를 일단 하열下劣(천하고 비열함)한 생명 중에 편입하려고 허다한 성도들이 지낭智囊(지혜 주머니)을 경주傾注(힘이나 정신을 한곳에 기울임)하였고, 저들을 인류와 동반同班(같은 반열)에 나란히 서게 하려다가 기다幾多(꽤 많음)한 진실한 학도가 살해를 당하거나 죽음에 다음 가는 박해를 당했던 과거를 회고할 때에 몸서리를 먼저 쳤습니다.

생래生來(세상에 태어난 뒤로 이제까지)의 자아와 책柵(울타리) 내에 유희遊

---

1. 고빗과의 여러해살이풀. 어린잎과 줄기는 식용하고, 뿌리는 약용한다. 한국, 일본, 중국, 대만 등에 분포한다.

戱하는 대원소후大猿小猴(크고 작은 원숭이)들을 대조할 때에 학자의 이론은 차치하고, 타인의 찬부贊否(찬성과 반대)는 묻지 않고, 저 자신만은 전연全然(아주, 꽤) 같은 정도의 생명 기관체임을 승인하지 않을 수 없습니다. 분하다면 분할는지 모르나 그러나 사실입니다. 특히 그 탐욕, 식욕, 성욕, 생명에 대한 공포의 본능 등을 볼 때에 '어찌 그처럼 방불彷佛(비슷)한가'라고 하기보다도 오히려 저들에 대하여 일종의 수치심이 없지 않습니다. 오호라, 저는 원후류 이하에 위치할 비열한 생명체임을 발견했습니다. "대개 내 속 곧 내 육신에 선한 것이 하나도 거하지 아니하는 줄을 아노니 선행하기를 원하는 마음은 내게 있으나 그대로 이루는 것은 없느니라"고 호소한 바울은 원후의 수준선에서 초월함이 없는 동양同樣(같은 모양)의 가련한 생명이었지만, 그의 영혼상에 일대 변혁이 생기生起(발생)하여 그의 입으로써 "내가 그리스도와 함께 십자가에 못박혔나니 그런즉 내가 산 것이 아니요 내 안에 그리스도께서 사신 것이라 이제 내가 육체 가운데 사는 것은 하나님의 아들 나를 사랑하사 나를 위하여 자기 자신을 버리신 이를 믿음으로 사는 것이라"[갈 2:20]라고 고백하게 될 때에 바울의 생명에 일대 약진이 생겼습니다. 전자와는 비교할 수도 없는 본질적 차이를 가진 생명 원리가 그를 지배하게 되었습니다. 후세의 우리들이 경모敬慕(존경하고 사모함)하여 마지않는 위대한 사도 바울은 이 위에서 온 생명 즉 영으로 지배된 생명의 결과였습니다.

어거스틴, 루터의 일생에도 이러한 원후 이하의 열등 생명과 그 이상의 고귀한 생명과의 계단이 있었습니다.

생명은 귀한 것입니다. 그러므로 만일 그 생명을 잃고서 온 천하를 가진들 무엇하겠습니까. 진화의 저급低級에 있는 미생물은 그 생명의 귀함을 그처럼 인식하는 것같이 보이지 않으나 고급으로 진화될수록 점점 생명 의식이 강렬하여 인류에 이르러 그 극도에 달한 듯이 보입니다. 그러나 인류에 있어서는 그 표준에 전환점이 생겼습니다. 천래天來의 소리가 있어 가로되, "무릇 누구든지 그 목숨을 구하고자 하는 자는 잃을 것이요 오직 목숨을 잃고자 하는 자는 보전하리라."[2] 우리는 이 표준으로써 위대, 고귀한 생명을 찾아봅시다. 거기에는 보름스 회장에 기립한 광부의 아들 루터가 있을 것이며, 국법에 순종하여 독배를 피하지 않던 희랍의 성자 소크라테스가 보일 것이며, 초대교회 이래의 많은 성도가 나열羅列하였을 것이며, 인류의 첫째 위인 모세도 만날 것입니다. 그리하여 온갖 고원高原을 지나고 수봉秀峰(빼어나게 높거나 아름다운 산봉우리)을 넘은 뒤에 인류 이상의 최고봉의 절정에 달한 때에 우리는 거기에 나사렛 사람 예수 그리스도를 우러러볼 것입니다.

생명은 귀중한 것입니다. 생물은 생명의 귀중을 인식하는 정도로

---

2. "누구든지 제 목숨을 구원하고자 하면 잃을 것이요 누구든지 나를 위하여 제 목숨을 잃으면 찾으리라"(마 16:25).

써 그 진화의 정도를 표시합니다. 그러나 생명이 그 귀중함을 망각하고 그 자존심을 투기投棄(내던져 버림)할 때에 그 생명은 일단一段(계단의 한 층계)을 비약飛躍한 생명이요, 한층 더 고귀한 생명입니다. 우리는 그 생명의 극도의 완성을 예수 그리스도에서 봅니다. 말씀이 육으로 되사 세상에서 생활하셨으나 저는 보내신 이의 의사意思에 반反하여서는 한 가지도 한 것이 없었고, 보내신 이의 뜻에 순종하였기 때문에 십자가에까지 무능한 자처럼 달려 버렸습니다. 광야의 시험에서 벌써 완전히 영이 육을 지배하여 승리하였던 그의 일생은 "아버지여, 만일 할 만하시거든 내게서 이 잔을 떠나게 하소서. 그러나 내 뜻대로 마옵시고 오직 처분대로 하옵소서"라는 무사지순無私至順(사심이 없고 지극히 순종함)한 결산決算으로써 마치셨습니다. 지극히 높은 정도의 생명이었습니다. 영의 원리대로 산 생명이었고, 진리 자체의 현현顯現인 생명이었습니다. 과연 저의 말씀에는 거짓이 없습니다. "내가 곧 길이요 진리요 생명이니라"[요 14:6]. 오 주여, 사슴이 냇물을 찾으려고 갈급함과 같이 내 영혼이 당신을 찾으려고 갈망하옵나이다.

제7호(1929. 1.)

크리스마스

성탄일은 벌써 조선에 있어서도 명절화하였습니다. 신자도 이 날을 축祝하고 불신자도 이 날을 하賀합니다. 교회도 이 날에 요란하고 상고商賈(상인)도 이 날에 분주합니다. 알고 즐거워하는 이도 있거니와 모르고 하사賀辭(축하의 말)를 교환하는 이는 더 많습니다. 온 장안이 이를 찬양하고 전 회사와 전 인류가 이 날을 환희합니다.

그러나 이 날을 축하하는 이유가 무엇입니까? 산타클로스 옹의 선물 때문입니까? '땅에는 기뻐하심을 입은 사람들이 평안할' 것을 향락享樂하기 때문입니까? 우리는 마리아에게 그 찬미의 이유를 들을 것입니다.

그의 팔로 힘을 보이사

저의 마음의 생각이 교만한 자를 흩으셨고

권위 있는 자를 그 지위에서 내리치셨으며

낮은 자를 높이셨고

주리는 자를 좋은 것으로 배불리셨으며

부자를 공수空手(빈손)로 보내셨고

그 종 이스라엘을 도우사

긍휼히 여기시고 기억하시기를

이전 우리 조상에게 말씀하신 것과 같이

아브라함과 및 그 자손에게 세세토록 미치게 하심이로다[눅 1:51-55].

마리아가 그 이스라엘의 하나님을 찬미한 것은 단지 평화의 신, 자비의 신인 연고緣故가 아니었습니다. 과연 저는 교만한 자를 흩으시고 권위 있는 자를 낮추시고 낮은 자를 높이시며 부자를 공수로 보내시고 주린 자를 포식케 하시는 하나님이었습니다. 이 과거의 하나님의 행하신 일을 가장 완전하게 구비具備하게 지상에서 실행하신 것이 예수 그리스도의 탄강誕降으로 시작되었습니다. 예수의 탄강은 인간 가치의 총 전복顚覆을 의미하는 것입니다. 예수의 출현으로 말미암아 인류는 전前에 미문未聞(아직 듣지 못함)의 것을 듣고, 전에 미견未見(아직 보지 못함)의 것을 보게 되었습니다.

인생의 갈구하던 행복의 표준이 전도되었습니다. 빈자貧者와 주린 자와 애통하는 자가 행복한 자가 되고[마 5장] 배부른 자와 웃는 자가 화禍스러운 자가 되었습니다[눅 6:20 이하].

약한 때에 강하고 강한 때에 약하여졌습니다[고후 12:10]. 재자才子(재주 있는 사람)가 우인愚人(어리석은 사람)이 되고 우부愚夫(어리석은 남자)가 지자智者(지혜로운 사람)가 되었습니다[고전 1:19 이하]. 솔로몬의 성식盛飾(성대히 장식함)은 오히려 백합화의 일륜一輪(한 송이의 꽃)에 지나지 않고[마 6:29 이하] 세리는 바리새교인보다 성도聖徒가 되었습니다[눅 18:9-14]. 주主 되려는 자는 종이 되고[마 20:25 이하] 생명을 버리는 자가 영생을 얻게 되었습니다.

그리스도의 탄강으로 말미암은 이 변혁과 이 척도의 전도顚倒(거꾸로 넘어짐)에 능히 견딜 자가 누구입니까? 성탄을 축하하는 자에게 깊은 생각함이 있어야 할 것입니다.

제23호(1930. 12.)

송구영신 送舊迎新

연말을 당한즉 각기 무리를 따라 모여서 망년회의 일야一夜(하룻밤) 내지 수야數夜(며칠 밤)를 즐기고 보냅니다. 그 기뻐함이 과거 1년간의 환희를 일시에 축적하여 기뻐함인지 혹은 과거 1년간의 비애번뇌悲哀煩惱를 일야의 환락으로 바꾸어 말살하여 버리려는 앙탈함인지 다 알 수 없거니와, 이러한 표면의 열락悅樂(기뻐하고 즐거워함)과 부류浮流(떠서 흘러 다님)의 환희에 우리가 충심으로 어울릴 수 없음은 물론입니다.

종교 잡지—특히 기독교 잡지들은 판에 박은 듯이 구년舊年에 대하여는 감사, 감사로써 보내고 신년을 향하여는 희망, 희망의 문자를 나열하여 이를 영접합니다. 무엇이 감사요, 무엇을 희망한다 함입니까? 지나간 1년을 회고하면서 아직 질식窒息(숨이 막힘)의 숨도 돌리지 못하며 앞에 오는 1년을 향하면서, 도리어 여호와 신의 존재까지도 의아해하고자 함은 유독 우리의 기벽奇癖(유달리 이상한 버릇)이란 말입니까? 또는 우리의 불신의 소치란 말입니까? 나타나 보이는 세계에 관한 한 우리는 감사할 것도 희망을 가질 것도 없습니다.

옛날 전도자 코헬레스[1]가 이미 도파道破(끝까지 다 말함)한 것처럼,

"헛되고 헛되며 헛되고 헛되니 모든 것이 헛되도다 사람이 해 아래서 수고하는 모든 수고가 자기에게 무엇이 유익한고 한 세대는 가고 한 세대는 오되 땅은 영원히 있도다 해는 떴다가 지며 그 떴던 곳으로 빨리 돌아가고 바람은 남으로 불다가 북으로 돌이키며 이리 돌며 저리 돌아 불던 곳으로 돌아가고…… 만물의 피곤함을 사람이 말로 다할 수 없나니 눈은 보아도 족함이 없고 귀는 들어도 차지 아니하는도다 이미 있던 것이 후에 다시 있겠고 이미 한 일을 후에 다시 할지라 해 아래는 새것이 없나니, 무엇을 가리켜 이르기를 보라 이것이 새것이라 할 것이 있으랴 우리 오래 전 세대에도 이미 있었느니라"(전 1:2-10).

현상現象의 세계를 살필진대 과연 허무한 것뿐이요, 맹랑한 일뿐이요, 억울한 것뿐입니다. 그러나 우리의 시선을 피상皮相의 세계에서 떼어서 피상의 저편에 한 껍질을 투시할 때에는 작년 같은 1년에도 감

---

1. 전도서 저자인 '전도자'를 히브리어로 코헬레스Qoheleth라고 함.

사의 재료가 없지 않았고, 신년의 전망에도 새로운 희망을 제지制止할 수 없음을 깨닫습니다. 사도 바울의 이른바, "육체의 사람은 후패朽敗(썩어 문드러짐)하나 이심裏心(속마음)의 사람은 일신日新(날마다 새로워짐)"합니다.[2] 육에 속한 것, 형形에 나타난 것은 진부한 것이나 영에 속한 것, 형에 보이지 않는 것은 새로운 것이요, 영원한 것입니다.

비록 신년에도 우리 목전에서 질식할 일이 근절되지 않고, 의로운 자가 환난을 피하지 못한다 할지라도, 이는 가벼운 일이요 잠시의 일이니 "우리를 위하여 지대하고 영원한 영화榮華의 중한 것을 성취하게 하는"(고후 4:17) 일에 비길 바가 아닙니다. 그러므로 우리도 "나타나 보이는 것을 원치 않고 보이지 않는 것을 원함은 보이는 것은 잠간暫間이요 보이지 않는 것은 영원함"[고후 4:18][3]이기 때문입니다. 우리의 표적標的(목표가 되는 물건)을 정해야 할 것입니다.

제108호(1938. 1.)

---

2. "우리의 겉 사람은 낡아지나 우리의 속 사람은 날로 새로워지도다"(고후 4:16).
3. "우리가 주목하는 것은 보이는 것이 아니요 보이지 않는 것이니 보이는 것은 잠깐이요 보이지 않는 것은 영원함이라"

구제 [대인對人관계][1]

그런고로 구제할 때에 외식하는 자가 남에게 영광을 얻으려고 회당과 거리에서 하는 것같이 너희 앞에 나팔을 불지 말라 진실로 너희에게 이르노니 저희는 제 상급을 받았느니라 너는 구제할 때에 오른손이 하는 것을 왼손이 모르게 하라 이는 네 구제가 은밀하기 위함이라 그렇게 하면 은밀한 중에 보시는 너희 아버지께서 갚으시리라[마태복음 6장 2-4절].

동기를 순수하게 하십시오. 의를 행할 때, 무릇 선한 일을 행할 때

---

[1] 이 글은 '산상수훈연구' 연재 중에서 1931년 9월 제32호에 실린 '산상수훈연구(8)' 편 가운데 하나다.

는 사람 앞에서 남에게 보이려는 심정을 가지지 마십시오. 교회에서 광고할 것이 아니요, 신문 잡지에 선전할 바가 아닙니다. 큰 의나 적은 선이나 오직 하나님 앞에서 행할 것이라는 행위 일반에 관한 통칙을 6장 제1절에 말한 후에, 좀더 상세히 구체적으로 교시하시기 위하여 우선 첫째로 구제할 때에는 어떠한 심정으로써 할 것인가, 즉 사람과 사람 사이의 관계를 논한 것이 2, 3, 4절입니다.

'구제救濟'라는 글자는 eleemosune의 번역인데 첫째는 자비[mercy], 연민[pity] 등의 뜻이요, 둘째는 시여施與[2][almsgiving], 시물施物[3][alms]의 뜻인데, 우리 성경에는 마태복음 6장 2, 3, 4절과 사도행전 9장 36절, 동同 10장 2절, 24장 17절, 누가복음 11장 41절, 12장 33절 등에는 모두 '구제'라고 쓰였고, 사도행전 3장 2절에 '구걸하고자 하더니'란 것과 동 3절에 '구걸하거늘'이라고 쓴 것도 원문에는 구제와 동일한 eleemosune라는 자입니다. 이상으로 보아 '구제'라는 것은 본래 빈자貧者 혹은 병자를 불쌍히 여기는 마음, 자비지심慈悲之心, 측은지심惻隱之心이 그 기본이요, 이에 대하여 냉수 한 잔이나 혹은 동전 한 푼을 시여하는 것은 내재하였던 측은지심이 발동하는 형양形樣(모양)에 지나지 못하는 것입니다. 물론 냉수보다 숭늉으로, 찬

---

2. 남에게 거저 물건을 주는 일.
3. 본래는 불교에서 시주로 내는 재물을 의미하는데, 시주란 자비심으로 절이나 중에게 물건을 베푸는 일을 말한다.

밥보다 더운밥으로, 1전錢[4]보다 1원圓으로써 시여하는 것이 더할 데 없는 일이지만, 그보다도 긴요한 것은 그 연민하는 마음이 발동하는 데에 있습니다. 사람의 눈에 보이지 않는 '측은지심', 이것이 하나님이 주시하시는 초점입니다[마 25:40; 막 12:41 이하 참조].

그런데 현대 교회에서 목도하는 것보다도 더 심하게 당시 유대 교회에서는 신도에게 각기 상당相當하게 규정한 대로 거출據出(여러 사람이 각각 얼마씩의 돈을 내어 거둠)하는 외에 빈민 구제를 위하여 종종 자유연보를 청하는데, 거금을 연보하는 자는 그 성명을 회당 내에 광고하거나 혹은 랍비의 우편에 특석을 정하고 앉게 하거나 하여 금액의 다과多寡(수효의 많음과 적음)로써 속에 있는 성의를 척도하려 하며, 또는 이러함으로써 신도의 허영심을 이용하려 하였습니다. 노방路傍(길가)에서도 이와 근사한 방식으로써 헌금을 거출하였다 하니, 현대의 우리 목전에서도 누누이 보는 사실과 종합하여 보면, 소위 세상에서 칭하는 교회 치리자, 사업가, 수완가 등등이라는 종류와 나사렛 예수와는 면양綿羊(양)과 산양山羊(염소)처럼 본질적으로 그 종족을 달리하였음을 알 수 있습니다.

'외식하는 자'라 함은 한문漢文, 화문和文(일문)에는 흔히 '위선자'라고 번역하였는데, 이것을 관화官話(중국의 표준말) 번역에서 '가모위선

---

4. 옛 화폐 단위. 1전은 1원의 100분의 1로, 실제 쓰이지 않는 보조 단위.

적인假冒僞善的人(남의 이름을 제 이름인 양 거짓으로 대어 선善을 가장하는 자)'이라고 하였는데 그 원의에 가깝습니다. 본래 'hypokrites'에는 첫째는 대답하는 자, 통역자라는 뜻과, 둘째 배우, 역자役者(배우)라는 뜻으로부터 추부醜婦(추녀)가 미인을 가장하며, 겁자怯者가 용자勇者를 연기하는 등 가장한 것, 가면을 쓴 것으로부터 측은지심의 동함이 없이 이욕利慾(이익을 탐하는 욕심) 혹은 체면상 관계로써 자선사업에 참여하며, 의에 대한 반발력反撥力이 없이 사회의 풍조에 따라 의인의 묘를 장식하는 자 등을 통칭하여 '위선자'라고 번역하게 되었습니다[마 6:5, 16; 7:5; 15:7; 22:18; 23:10, 13-15; 24:51; 막 7:6; 눅 6:42; 12:56; 13:15 등 참조].

'나팔을 불지 말라' 함은 당시의 위선자들이 빈자를 부르는 척하고 각角(뿔 나팔)을 불어 실상은 자기가 시여한다는 것을 다른 사람들에게 널리 광고하였다는 사실을 들어 훈계하심이라는 설명도 있고, 혹은 실제로 나팔을 분 것이 아니라 추상적 의미로 자기를 광고하는 자를 칭함이라는 해설도 있으나, 사실이든지 또는 추상적으로 말한 것이었든지 이 교훈 대체大體에는 별 영향을 주지 않습니다. 회당에서나 거리에서나 남에게 보이려는 영예와 이욕의 동기로써 된 것은, 그것은 가면입니다, 위선입니다. 전연全然히 가증한 일이라는 대의大意는 명료합니다.

'저희는 제 상급을 이미 받았느니라'라는 일구一句는 대단히 미묘한 의미를 포장하였습니다. 사람에게 보이고 세상의 칭찬을 받으려고 나팔을 불면서 자선사업을 행할 때는 회당과 가도街道(큰 길)에서 저의 명예가 선양宣揚되고 기념비와 동상까지라도 건립하여 주기를 사회가 불석不惜(아끼지 아니함)하니 저가 목적한 바는 성취되었다는 것입니다. 세상은 진미순선眞美純善에 대하여서는 꽤 둔감하면서도 위선자의 나팔에 대하여서는 그 반향이 민첩하고 또 확실한 법입니다. 그러므로 그 목적을 이루기가 용이합니다. 그 목적, 즉 사람의 칭찬을 받으려는 목적을 이루면 저는 '제 상급'을 받은 사람입니다. 즉 이 세상에서 청산淸算(계산)을 마친 사람입니다. 눈에 보이는 일은 재빠르고, 보이지 않는 일은 하청河淸[5]을 기다림 같습니다. 사람을 상대로 한 일은 그 보응이 확실한 것 같고, 하나님을 상대로 한 일은 마치 수상水上에 파종하는 일 같고[전 11:1] 공중을 치는 일 같습니다. 그러므로 세상의 지자智者는 전도前途(앞에 있는 길)를 택하나 그리스도는 후도後途(뒤에 있는 길)를 지시하십니다. 성서는 전자를 향하여 "화 있을진저!"라 하고, 후자를 향하여 "복스럽도다!"라 하십니다[마 5:6, 10, 11; 눅 6:24].

이상 제2절에서는 외식하는 자의 그릇된 행동을 지적하여 경계하시고, 다음 제3절에 이르러 적극적으로 구제를 행할 때의 비결을 가르치십니다. 자선사업의 비결이란 무엇입니까? 한마디로 말하면 "선

---

5. 중국 '황하의 물이 맑아짐'이라는 뜻으로, 아무리 하려고 해도 실현되지 않음을 비유.

은 비밀히 행하라"는 것입니다. "너는 구제할 때에 오른손이 하는 것을 왼손이 모르게 하라." 이는 나팔 부는 위선자와는 정반대의 길입니다. 자선은 중인환시衆人環視(여러 사람이 둘러싸고 지켜봄)의 자리를 피하여 행할 것일 뿐만 아니라, 자기 심중心中에 남아 있는 '여차여차한 구제를 행하였으니' 하는 기억까지도 배제하여야 참되어집니다. "오른손이 하는 것을 왼손이 모르게 하라" 함은 선행을 극히 비밀히 하여 두라는 뜻으로 해석하여도 족할 터입니다. 그 정도만 하여도 세속적 표준과는 천양지차天壤之差가 있는 까닭입니다. 그러나 일보를 갱진更進(다시 나아감)하여 "선을 선으로 의식함이 없이 행하라" 하면 기독基督(그리스도)의 마음에 근사近似(거의 같음)할까 합니다.

구제할 때에 자기 앞에서 나팔을 불지 말 것은 물론이요, 중인환시하는 시선을 피하고 자기 속에 선행하였거니 하여 자긍하는 생각까지 제거할 뿐더러, 선을 행할 때에 '악은 행하지 않으나 특히 선을 행한다'든가, '나니까 특히 자선을 행한다'는 등 '특特' 자를 전혀 의식하지 못하고, 목마른 자에게 냉수 한 잔을 주었으니 당연한 일, 빈핍한 자에게 나의 여유를 분배하였으니 당연한 일, 불구자에게 금전을 시여하였거나 혹은 "은과 금은 내게 없거니와 내게 있는 것으로 네게 주노니 곧 나사렛 예수 그리스도의 이름으로 다니라"[행 3:6] 함도 사람으로서 혹은 사도로서 당연한 일을 행하였을 뿐입니다. 하나님의 자녀들로 이만한 일들은 당하는 경우마다 당연히 할 일입니다. 별로 자선을 행한다는 아무런 자각 없이 행하는 것입니다. 사람인 연고로 동포의 곤핍困乏을 구제하며 병자를 동정할 것이요, 수족은 오직 본능으로써 연민한 심정이 발로하는 대로 운동하였을 뿐입니다. 그러므로 저가 허다한 구제를 행하였을지라도 그 오른손이 하는 것을 왼손이 알 리가 없고, 후일 그리스도 앞에 나아갈 때도 옥좌에 앉으신 이가 오른편을 향하여, "내가 주릴 때에 너희가 먹을 것을 주고 목마를 때에 마실 것을 주고 나그네 되었을 때에 대접하고 벗었을 때에 옷을 입히고 병들었을 때에 돌아보고 옥에 갇혔을 때에 와서 보았느니라" 하고 그 의인된 것을 칭찬하시되, 의인 본인들은 본래 행할 때에 이만한 일은 사람으로서 당연한 일인 줄로만 알았으니 특히 각별한 선행을 쌓았다는 기억이 없었을 것은 물론입니다. 그러므로 저들은 오히려 반문하기를 "주여, 우리가 어느 때에 주께서 주리매 공궤供饋하였으며, 목마르매 마실 것을 드렸으며, 어느 때에 나그네 되매 대접하였으며, 벗었으매 옷 입혔으며, 병들었을 때와 옥에 갇혔을 때에 가서 뵈었나이까?" 하였습니다. 참된 의인에게는 의를 행하였다는 기억조차 없었습니다. 그때에 "내가 진실로 너희에게 이르노니 너희가 내 동생 중에 지극히 작은 이 하나에게 행한 것이 곧 내게 행함이라"[마 25:31-40]는 설명을 듣고야 비로소 당연한 일로 행하였던 소사小事로 인하여 분에 넘치는 큰 칭찬을 받게 되었으매 경악을 금치 못하였을 터이니, 대개 하나님 앞에 참말 자선이라고 칭할 만한 자선은 이와 같이 무의식중에 오른손이 하는 것을 왼손도 알지 못하듯이 은밀한 중에서 행한 것이라야 합니다. 이런 구제라야 중량이 있고, 영원성을 띠었고, 하나님의 성안聖眼에 띄어 뵈는 것입니다. 자기가 과장적으로 의식하여 행하였고, 세상이 방편으로써 갈채할 만한 구제는 춘하春霞(봄철의 아지랑이)가 조양朝陽(아침 볕)에 소산消散(흩어지고 사라짐)함과 같이 지나간 후에는 다시 찾을 수 없고, '저희는 제 상급을 받아 가지고' 떠나갔으니 이 세상에서나 저 세상에서도 볼일을 다 본 것입니다.

그러므로 4절에 "이렇게 하여야 네 구제함이 은밀하리니······" 하여 어떻게 하면 선행이 은폐하여질까를 강구합니다. 현세와 기독교의 차이는 무릇 이와 같은 것입니다. 자기의 선행을 어떻게 하면 현현顯現 과장할까 하는 것이 개인으로나 단체로나 사회로나 국가로나 교회 목사나 신문기자나 동양인이나 서양인이나 다 같이 강구하는 바요, 또한 그 광고술이 거의 이상적 표준에까지 달성하여졌음을 축하하는 것이 현대의 첨단을 걷는 인류들의 자랑이 아닙니까? 그러나 고대의 기독교, 예수의 기독교는 '어떻게 하면 은밀히 구제할 수 있을까?'를 강구, 기도企圖(일을 이루기 위해 계획을 세워 실현을 꾀함)하는 교훈이었습니다. 보고報告와 선전술로써 전도자금을 모집하는 외국 선교사와 그들에게서 배워 청출우람승우람靑出于藍勝于藍[6]한 금일수日(오늘날) 조선 교회가 그리스도의 교훈에서 상거相距(두 곳의 거리)가 먼 것은 물론입니다.

우리 조선에도 기독교가 전래하기 전에는 '은덕隱德'이란 말이 있었습니다. 은밀한 중에 세웠던 적덕積德(은혜를 많이 베풀어 덕을 쌓음)이 오랫동안 숨겨져 있다가 수십 년 혹은 수백 년 후에 비로소 발각되므로 대개는 그 자질子姪(자손) 또는 수 대代를 지난 자손들에게 그 덕이 보상되는 수가 있어 조선 백성은 심히 깊고 높고 후하고 중량 있는 백성이었습니다. 그렇지만 현대와 같이 이 백성이 이렇게 천박하고 경솔하고 야속하게 되었음은 그 원인이 어디에 있습니까? 지금은 반도 안에서 은덕이란 말조차 듣기가 얼마나 희귀합니까? 전에 기독교가 전래하기 전에는 은밀한 중에서 적덕하여 두고 '은밀한 중에 보시는 하나님'이 갚으시기를 기다리던 백성이 이제 전교傳敎(선교) 50년 후에는 은덕은 고사하고 백지 한 장보다도 더 얇은 백성, 아침에 저녁을 기약할 수 없는 고식적姑息的(임시변통의) 백성이 되고 말았으며, 하나님을 기다리기는 고사하고 "하나님이 없다" 하며, "지극히 높으신 이에게 어찌 지식이 있으리요?" 하는 어리석은 백성으로 변하여 버렸으니, 오호라 이 결과가 무엇에서 유래하였으며, 이 책임은 어디에 있는 것입니까? 만일 주일학교 아동들 중 다액 연보자에게 상품을

---

6. 원래는 '쪽에서 뽑아낸 푸른색이 쪽보다 더 푸르다'는 뜻으로 제자나 후배가 스승이나 선배보다 나음을 비유적으로 이르는 말이다. 보통 '청출어람靑出於藍', '청출어람이청출어람靑出於藍而靑於藍' 등의 형태로 사용한다. 이 부분은 외국 선교사의 행위보다 조선 교회의 과시 행위가 더욱 심함에 대한 일종의 반어적 표현이다.

수여하며, 교회에서 다액 헌금자를 우대하며, 교인의 두수頭數(머릿수) 보고와 선교비의 금액이 비례하는 등 천박한 교사들의 언행이 그 책임의 일부를 분담하여야 한다면, 그리스도의 충복을 자임하는 자들이 주 예수 앞에 깊은 회개가 없어야 되겠습니까.

제32호(1931. 9.)

기도 [대신對神 관계][1]

또 너희가 기도할 때에 외식하는 자처럼 되지 말라 저희는 사람에게 보이려고 회당과 거리 어구에 서서 기도하기를 좋아하느니라 내가 진실로 너희에게 이르노니 저희는 제 상급을 이미 받았느니라 너는 기도할 때에 골방에 들어가 문을 닫고 은밀한 중에 계신 아버지께 기도하라 은밀한 중에 보시는 네 아버지께서 갚으시리라 또 기도할 때에 이방 사람과 같이 중언부언하지 말라 저희는 말을 많이 하여야 들으실 줄 아느니라 그러므로 저희를 본받지 말라 너희 아버지께서는 구하기 전에 너희 쓸 것을 아시느니라[마태복음 6장 5-8절].

---

1. 이 글은 '산상수훈연구' 연재 중에서 1931년 9월 제32호에 실린 '산상수훈연구⑻' 편 가운데 하나다.

기도는 하나님과 사람 사이의 관계입니다. 이 관계가 정당한 관계에 있은 후라야 다른 만반萬般(갖출 수 있는 모든 것) 행위가 다 바른 자리에 있게 되는 것입니다. 개인 단독의 행동이 정正하려 하며, 사람과 사람 사이의 행위에 선善하려거든 우선 하나님과 사람 사이의 관계가 순결하고 정당하여야 할 것입니다. 그러므로 이 기도 문제는 제반 행위의 근본 문제가 되는 것입니다.

제5절에 '외식하는 자'라 함은 전前 강론에서 상술한 바와 같이 hypokrites란 글자인데, 마음에 없는 웃음도 오히려 잘 지어 웃고, 슬프지 않은 때에 눈물 뿌려 울며, 의에 대한 감응력이 벌써 상실된 자이면서도 오히려 의인의 넋을 연출하는 등 내리內裏(속)와 표면이 상위相違(서로 다르거나 어긋남)하는 행위로부터 위선자란 의의意義(의미)로 통용하게 되었다 합니다. 우리 조선에서 관혼상제冠婚喪祭의 예의를 존숭하던 결과로써 가경可敬할 만하던 귀중한 예절이 도리어 허례 위식虛禮僞式에 타류墮流(나쁜 상태에 빠짐)함을 종종 목도하는 바인 것처럼, 유대 민족 전반이 조선 민족의 조상숭배보다도 더한 열성으로써 예배하던 하나님께 대하여도 허위가 생기生起하게 되었습니다.

하나님께 향하여 올려야 할 기도가 사람에게 보이려고 하는 것이 되고, 그 차는 경문經文[2]을 크게 하고 옷단을 넓게 하게 되었습니다[마

---

[2] Phylactery. 성구聖句가 적힌 양피지를 넣어 두던 작은 가죽 상자로, 기도할 때 이마나 팔에 매달았다.

23:5]. 이것은 하나님 앞에 견딜 수 없는 가증한 일이었습니다. 예수는 어린 양이 털 깎는 자 앞에 선 것처럼 소리 없으셨고, 연기 나는 아마亞麻[3]도 끄지 않으셨습니다. 그러나 때로는 저가 저의 성격에도 흡사치 않게 분반噴飯(입 속에 있는 밥을 내뿜을 정도로 심하게 꾸짖음)하고 노발하시지 않을 수 없었습니다. 그것은 대개 이 위선을 대할 때였습니다. 세베대의 아들 야고보와 요한의 모친이 그 아들들을 위한 소원처럼 [마 20:21] 저급한 소원은 차라리 무죄라고 하겠지만 하나님께 향할 기도를 사람 앞에 보이려는 심사만은 도저히 하나님께 통달할 수 없는 것임을 알 것입니다. 기도에 관한 첫째 요건은 방약무인傍若無人(주위의 사람을 의식하지 않고 곁에 아무도 없는 것처럼 여김)으로 하여 오직 하나님께만 향하여 심정의 진실대로 토로함에 있습니다.

구제, 기도, 금식 이 세 가지는 종교 생활에 가장 중요한 3대 선행이었습니다. 특히 하나님께 기도하는 일은 유대 민족에게 각별히 중대한 일이었습니다. 시조 아브라함 이래로 유대의 역사는 기도의 역사였습니다. 저들은 애굽에서 노예가 되어 평일에는 견마犬馬 같은 고역苦役에 복종할 때에도 안식일을 기억하여 여호와께 예배드리기를 잊지 못하였고, 바벨론에 포로 되었을 때에도 감방의 창문을 열고 기도하는 일은 중지하지 않았습니다. 그러므로 평상시에 예배와 기

---

3. 아마과의 한해살이풀.

도에 정성을 다하였음은 물론이거니와 특히 회중이 회당에 모여서 기도하는 일은 특별한 효과가 있는 일이요, 따라서 다수가 모여서 기도하는 장소를 공연히 통과하는 자는 일대 죄악을 범하는 자인 것처럼 인정하게 되었습니다. 또 경건한 랍비 중에는 천진天眞한 욕구로써 '거리 어귀'에서라도 기도 삼매三昧에 들어가 군왕이 통과하는 줄도 분변하지 못하며, 혹은 독사가 해함도 깨닫지 못한 사실이 있었습니다. 이러한 경건한 종교 생활의 내용이 그 시대와 함께 과거過去한(지나간) 후에도 그 형해形骸(내용이 없는 뼈대)만은 오래 잔체殘滯(남음)하여 전과 같은 내적 신앙은 없으면서도 외적 경건만을 포장하고 회당 또는 가로街路에서 허위의 기도를 하는 자가 후세에 발호跋扈(마음대로 날뛰며 행동하는 것)하게 되었습니다. 그리스도는 이러한 위선자 무리를 향하여 "제 상급을 이미 받았느니라"고 하셨습니다.

　제6절에 '골방에 들어가'라 함은 열왕기하 4장 33절, 이사야 26장 20절에 '문을 닫고'라든가 '밀실에 들어가'라는 것과 같은 뜻입니다. 간절한 기도를 드릴 때는 중인환좌衆人環座(여러 사람이 둘러싼 자리)하여 훤조喧噪(시끄럽게 떠듦)한 장소보다 은밀한 곳에서 하나님과 단독으로 대좌對坐하는 편이 더 자유스럽게 진정眞情대로 토로하기에 적합하기 때문입니다. 그리스도가 일절一切 공중公衆 기도를 금하신 것은 아닙니다. 오히려 2, 3인이 모여 기도하는 곳에 당신도 함께하시겠다고 하셨습니다. 다만 다수의 집회 중에서 기도할 때는 기도 본래의 의의를

망각하고서 여러 가지 불순한 것이 혼잡할 위험이 많습니다. 하나님만을 향하여 천진유로天眞流露(진심을 숨김없이 나타냄)하여야 할 기도가 회중의 이목을 고려하여 억양된 곡조를 붙이거나 교언격구巧言激句(교묘하게 꾸미는 말과 격한 문장)를 나열함으로써 회중의 감동을 진작하고자 함에 떨어지면 이는 벌써 기도의 영역을 초탈한 것입니다. 기도의 가면을 쓴 일종의 연설이 되고 맙니다.

또 "하나님이여, 내가 감사하옵기는 나는 다른 사람과 같이 토색하고 불의하고 음란하지 아니하고 또한 이 세리와 같지도 아니함이니이다. 나는 7일에 두 번씩 금식하고 또 소득의 십일조를 드리나이다"[눅 18:11, 12] 함은 감사의 가면을 씌운 자기 칭찬에 불과한 것입니다. 이런 기도가 하나님께 이르지 못할 것은 물론입니다. 그러므로 공중 기도에는 특히 안하眼下(눈 아래) 사람을 개의치 말고 하나님 엄전嚴前에 단독으로 선 자로서 기도할 것이며, 그러한 불순한 위험을 피하기 위해서는 골방에 들어가는 것이 제일 양책良策이라 합니다. 이 '골방'이라 함은 문자대로의 골방에 한할 것이 아니라 미명未明의 임간林間(숲 속), 강반江畔(강가)과 광야, 등산과 임해臨海(바다 가까이), 다 하나님과 교통하는 장소로서는 훌륭한 '골방'이 될 것입니다.

제7절에 '외방 사람의 중언부언……'이라 함은, 사도행전 제19장에 은장색銀匠色 데메드리오 이외 다수의 군중이 모여 사도 바울 일행에 대항했을 때에 저들은 "크다, 에베소 사람의 아데미여" 하기를

1. 참 기독교 67

두 시간이나 하였다 합니다. 또 바알의 선지자 450명이 갈멜산에 모여 수송아지를 잡아 놓고 바알 신에게 기도하기를 "바알이여, 우리에게 응답하소서" 하여 아침부터 오정午正(정오)까지 하였으나 아무 소리도 없고 아무 응답하는 자도 없었습니다. 그때에 엘리야가 저희를 조롱하여 가로되 "큰 소리로 부르라. 저는 신이라 묵상하고 있는가, 혹 어디 갔는가, 혹 길을 가는가, 혹 잠이 들었는가, 그러면 깨워야 하겠다" 하니 이에 저들이 큰 소리로 부르다가 규례를 따라 칼과 창으로 그 몸을 상하게 하여 몸에 피가 흘렀습니다. 이에 오정이 지나고 저녁 소제素祭를 드릴 때까지 그리할지라도 아무 소리도 없고, 응답도 없고, 아무 돌아보는 자도 없었다 합니다[왕상 18:26-29]. 아데미 신이나 바알 신뿐만 아니라 이교의 소위 종교라 칭하는 것에 공통한 것은 이 중언부언하여 두 시간이나 혹은 종일토록 반복하는 기도 방식에 있음을 알 수 있습니다.

저 불교도가 남무아미타불南無阿彌陀佛[4] 혹은 남무묘법연화경南無妙法蓮華經[5] 등을 기만편幾萬遍(몇 만 번)을 창송唱誦(부르고 욈)하며, 구교도舊敎徒가 '주기도'나 '아베 마리아'를 부르기 위하여 염주를 사용하는 것이며, 기타 천리교天理敎[6], 천도교天道敎[7], 시천교侍天敎[8] 등에 역시

---
4. '나무아미타불'의 음역어.
5. '남묘호우렌케쿄'의 음역어로 '묘한 법인 연화경에 귀의한다'는 뜻.
6. 18세기 중엽 일본에서 일어난 신흥종교로 신도神道의 교파 중 하나.
7. 조선 후기 1860년에 최제우가 창시한 동학을 1905년 제3대 교조 손병희(1861-1922)가 개칭한 이름.

대동한 방식이 있음은 다 잠든 신을 깨우려 하는 공통한 심사에서 나온 것입니다. 신도의 열성과 고통을 다하여 칼과 창으로 몸을 상함으로써 신의 응낙을 강요하였습니다. 그러나 순수한 기독교는 이 점에 있어서 다른 허다한 종교와 근본적인 상위相違(서로 다름)가 있습니다. 기독基督의 신은 '어디 갔거나 길을 가거나 잠자고 있는 신'이 아닙니다. 그러므로 우상의 신에 대한 것처럼 중언부언으로써 수 시간 혹은 반일半日이나 종일을 역사役事할 필요가 없을뿐더러, 여호와 하나님은 오히려 많은 기도를 들으시지 않으신다 하셨습니다[사 1:15]. 물론 기독 신자도 중대한 간원에 대하여는 그것이 청허聽許(듣고 허락함)될 때까지 동일한 기원을 새로운 원기로써 반복할 수도 있습니다. 예수도 겟세마네의 최후 기도에는 세 번 반복하여 같은 기원을 드렸습니다. 그러나 이런 기도는 한 번 한 번이 다 그 폐부肺腑(폐장, 마음의 깊은 속)로서 유로流露(진상이 나타남)하는 피 있고 생명이 뛰노는 언구言句였습니다. 형해形骸만이 유전流轉(이리저리 떠도는 것)하는 이교의 중언부언과는 운니雲泥(구름과 진흙이란 뜻으로 차이가 큼)의 차이가 있는 것입니다. 기독 신자 중에도 혹은 박수답족拍手踏足(손뼉을 치며 발을 내딛음)하며, 혹은 전신을 용약踊躍(좋아서 뜀)하며, 혹은 기성奇聲(기묘한 소리)으로 절규하며, 혹은 야곱이 천사와 씨름하듯이 하나님과 기도로써 씨름하

---

8. 이용구가 손병희의 천도교 계열에서 이탈하여 창립한 동학 계통의 한 종파.

여 내종乃終(나중)에 하나님을 권패倦敗(피곤하게 하여 패하게 함)하게 하는 확신을 포지捕持(잡아서 가짐)하여 기도의 선수로서 자임하는 신도도 아주 없지 않습니다. 그러나 이는 다 하나님을 저능아로 취급하려 함이며, 하나님의 전지全智와 전애全愛를 분변하지 못하는 소치所致임은 이방인의 중언부언과 다를 것이 없습니다.

"그러므로 저희를 본받지 말라. 너희 아버지께서는 구하기 전에 너희 쓸 것을 아시느니라"고 합니다. 제8절 전반절의 뜻은 명료합니다. '저희를 본받지 말라' 함은 위선자의 기도를 본받지 말라는 것입니다. 즉 기도는 본래 하나님께 드리는 것이요, 사람에게 들키자는 것이 아니니 회중이나 가로街路상에서 기도할 필요는 없습니다. 진실한 영적 욕구라면 기도의 장소가 못될 곳이 없으나 그러나 공중 기도에는 기도의 본질을 소멸케 하고 위선의 죄에 유인케 하는 유혹이 많으니, 될 수 있는 대로 골방 혹은 산곡山谷에 들어가 오직 하나님께만 교통하십시오. 이것이 참 기도니 아버지께서 은밀한 중에 계시사 그런 기도를 들으십니다. 중언부언하지 마십시오. 당신의 열심으로써 기도가 성취되는 줄로 알지 마십시오. '기도의 능력'이란 것이 당신의 편에 구비한 것인 줄 망신妄信(그릇되게 함부로 믿음)하지 마십시오. 하나님은 우상과 같은 죽은 하나님이 아니요, 산 하나님이시요 당신의 아버지십니다.

이상에 의하여 우리는 어떤 기도를 하지 말 것이며 또한 어떻게 기도하여야 하나님이 들으시는 참 기도가 된다는 것을 알았습니다. 기도에 관한 대강의 준비는 다 되었습니다. 이 위에 주기도에 대하여 좀더 상세한 부분과 실제적 방면을 배우면 기독교의 기도 생활을 시작함에는 아무 불비不備(갖추지 않음)한 것이 없게 되었습니다. 그런데 제8절 하반에 이르러 우리는 기도에 관한 대강을 각득覺得(깨달아 얻음)한 줄로 알았던 것이 불연 간에 일대 암운暗雲에 포위됨을 깨닫습니다. 이 암운이라는 것은 "너희 아버지께서는 구하기 전에 너희 쓸 것을 아시느니라"는 구절입니다. 근근이 각득하여 우리는 기도의 필요를 논위論謂(논하여 말함)할 여지없이 벌써 어떻게 기도할 것인가를 학습하여 방금方今 기도하기를 시작하려 할 때에 우리는 '그러면 아주 기도할 필요가 없지나 않은가?' 하는 의운疑雲(의심의 구름)에 사무칩니다. '구하기 전에 알고 계신다면 기구祈求(기도하여 구함)하는 일은 헛된 일이 아닌가? 하물며 선한 것을 그 자녀에게 주시기를 아끼지 않으시는 아버지 하나님이 아니냐. 구할 필요가 무엇인가? 또 전지전능하신 아버지이신 고로 그 자녀의 기도를 들으시고 구하지 않을 때에도 선한 것으로 그 자녀에게 배부르게 하시고, 또한 때로는 간구할지라도 그 자녀에게 사갈蛇蝎(뱀과 전갈)은 주시지 않으심은 우리가 경험으로 알고 감사하거늘[눅 11:11-12] 기도가 무슨 소용이 있는가?'

이것은 중대한 문제입니다. 체험을 통하지 않고 이론만으로써는

용이容易히 납득할 수 없는 종류의 문제입니다. 우선 이것을 설명하려면 하나님과 우리와의 관계가 부父와 자子의 관계란 것을 충분히 의식한 후에라야 됩니다. 권리 의무의 관계가 아니요, 사랑의 관계입니다. 용무가 있는 때에 만나는 처지가 아니요, 조석朝夕으로 보고 싶고 출필고반필면出必告反必面(나가거나 들어올 때 반드시 부모님께 알려야 함)이 없이는 견디지 못하는 관계입니다. 물건의 결핍의 연고가 아닐지라도 자식은 그 아버지에게서 받아 기뻐하고, 아버지는 그 아들에게 주어 기뻐하는 사실事實인 관계입니다. 그러므로 기독자의 기도는 단지 취득하려는 희구希求가 아닙니다. 기도한 대로 응답이 있어도 좋고 불응하여도 감사뿐입니다.

그렇게 교통하는 동안에 아들이 아버지께 대한 신뢰가 발표되니 아버지가 이를 즐겨 하십니다. 그리스도의 생애가 이것이었습니다[요 14:8, 9; 10:30; 5:30; 6:38; 눅 6:12 등 참조]. 기도가 그대로 응답이 없을지라도 구하는 자에게 성령을 주어 부자지간의 순수한 사랑과 신뢰의 관계가 진전하여 가면 기독자의 기도는 효과가 생기는 것입니다[눅 11:13]. 기구祈求하는 자에게 성령은 거부치 아니하신다 하셨으니 기도의 결과로 성령을 받았으면 사실적으로 모든 구한 것을 받은 것입니다. 그러므로 기독자의 기도는 "무엇이든지 빌고 구하는 것은 이미 받은 줄로 믿고"[막 11:24] 합니다. 감사한 일입니다. [기도 문제 같은 것을 실로 입체적 문제라고 하고 싶습니다. 평면에 서서는 영리할수록 깨닫지 못합니다. 로마서 1-7장까지의 경험을 가지고 그 3장 8절을 음미한 후에 기도 문제를 재고하면 납득됨에 유조有助(도움이 있음)할까 합니다.]

제32호(1931. 9.)

먼저 그 의를 구하라[1]

그러므로 염려하여 이르기를 무엇을 먹을까 무엇을 마실까 무엇을 입을까 하지 말라 이는 다 이방 사람이 구하는 것이요 너희 천부께서 이 모든 것을 너희가 쓸 것인 줄을 아시느니라 너희는 먼저 그 나라와 그 의를 구하라 또한 이 모든 것을 너희에게 더하시리라 그런고로 내일 일을 위하여 염려하지 말라 내일 일은 내일 염려할 것이요 한날 괴로움은 그날에 족하니라[마태복음 6장 31-34절, 참조 누가복음 12장 29-32절].

---

1. 이 글은 '산상수훈연구' 연재 중에서 1931년 12월 제35호에 실린 '산상수훈연구(11)' 편 가운데 하나다.

보물을 하늘에 쌓아 마음을 하늘에 두고 희망을 하늘에 부칠 것을 배웠고, 공중에 나는 새와 들에 피는 백합화를 본받아 '무엇을 먹을까, 무엇을 마실까, 무엇을 입을까' 함을 염려하지 아니한다 하더라도, 그러면 기독자는 천국에 미래의 소망을 두고 현재에는 한갓 금욕주의로써 온갖 문제에 소극적으로 '염려하지 말기를' 일야日夜(밤낮)로 용력用力(힘씀)할 것입니까? 만일 소극적 일방一方(일면)으로 염려치 않기만 전전긍긍하여 노력한다 하면 저는 필경 그 원하는 목적도 달성하기 어려울 것입니다. 차라리 저는 적극적으로 열렬히 기도企圖(일을 이루려는 계획이나 행동)함이 있어야 현세 생활의 염려도 제거할 수 있을 것이요, 또한 미래 천국의 소망도 더욱 확실하여질 것입니다. 다만 그 구할 바 목표는 다수의 이방 사람 불신자들이 동경하는 바와는 판이判異하여야 하겠고, 그 구하는 열성은 현현이색賢賢易色[2]하듯이 이방 사람들이 먹을 것 입을 것에 갈급함과 같은 초려焦慮(애를 태우며 생각함)로써 탐구하여야 할 터이니, 그 구할 바 목표는 즉 "먼저 그 나라와 그 의를 구하라"는 것입니다. 그리하면 여타의 필요한 것은 모두 준비하여 주시리라 하십니다. '그 나라와 그 의'라 함은 '하나님의 나라와 하나님의 의'라고 하면 더 명료하겠습니다. '하나님의 나

---

2. 《논어》학이편學而篇에 나오는 말로, 해석이 분분한 구절이다. 대체로 '어진 사람을 어질게 여겨 존경하며 여색女色을 경시한다'라고 해석되는 경우가 많으며, '어진 이를 어질게 여기고 안색顏色을 바꾼다'는 해석도 있는데 이는 어진 이를 보면 존경하는 마음으로 얼굴빛을 고쳐야 한다는 뜻이다.

라'라 함은 눈에 보이는 형상이 아니요[눅 17:20], "먹는 것과 마시는 것이 아니요 오직 성령을 힘입어 의로움과 평강함과 기쁨이니라"[롬 14:17] 하였습니다. 이 나라와 의를 구하라, 그리하면 다른 '모든 것'을 너희에게 더하시리라 하였습니다. '모든 것'이라 하였으나, 물론 사심私心에 원하는 대로의 '모든 것'은 아닙니다. 생활에 없어서는 안 될 '모든 것'을 더하시리라 한 것입니다.

과연 그럴까요? 먼저 하나님 나라와 그 의만 구하고 있으면, 여타의 제반 문제가 원만히 해결될 것입니까? 현대인의 예민한 판단으로서는 받아들이기에 매우 곤란한 바이며, 개인으로나 민족으로나, 만사에 너무도 군색窘塞(필요한 것이 없거나 모자라 옹색함)한 우리들로서는 실행하기에 너무도 요원한 방책임을 절감하지 않을 수 없습니다. 보이지 않는 하나님의 나라를 구함으로써 어찌 보이는 세계의 실제 문제가 해결되며, 이 불의하고 암흑한 세대에서 의를 구한다 한들 핍박과 조롱 외에 무슨 소득을 기약할 수 있을 것입니까?

만일 외치는 자가 있어 "빈자貧者여, 단결하라. 그리하면 모든 것을 더하리라" 한다면 이는 마땅히 현대인의 피를 끓게 할 만한 복음이 될 것이며, 다시 외치기를 "먼저 황금을 구하라, 또한 이 모든 것을 더하리라" 하였다면 이는 실로 만백성이 고대 갈망하고 있던 복음이 될 것입니다. 이것이라면 근대 문화인에게는 믿기에 곤란함이 없을 것입니다. 이로정연理路整然(사물의 도리가 바르게 정돈됨)하여 부富만

있으면 개인과 일문一門(한 가문이나 문중)의 영달榮達이 그중에 있고, 국가 사회의 조종操縱(마음대로 다루어 움직임), 진흥이 그것의 장악에 있음을 잘 아는 까닭입니다. 강병强兵의 시대는 벌써 지나가고 부강富强의 시대가 도래하였습니다. 개인으로나 국가로나 부는 즉 권세요, 고귀함이요, 모든 소원을 성취하지 못할 것이 없는 만능의 신같이 되었습니다.

"먼저 황금을 구하라, 또한 이 모든 것을 더하리라." 실로 만제萬題(수많은 문제) 통해通解(전체를 통하여 해석함)의 방정식이 아닙니까. 우선 부부가 서로 화목하여 가정 문제가 해결될 수 있을 것이요, 우의友誼가 돈후敦厚(인정이 두터움)하여질 것이요, 묘령 남녀의 결혼 문제가 낙착落着(문제되는 일이 끝남)될 것이요, 학교 졸업자의 취직 문제가 완화될 것이요, 농촌 문제와 소작인 분쟁이 휴식될 것이요, 미취학 아동의 교육 보급과 민립民立대학 건립 안건도 결말을 지을 수 있을 것이요, 재만在滿 동포의 구제책도 가능할 것이요, 신문 경영과 잡지 출판이 또한 그러하고 진실로 영계靈界의 전도 사업까지도 황금이 역사役事하는 줄로 사유되지 않습니까? 비단 청년회 총무뿐이겠습니까. 금일今日 조선 각 교파와 지도 기관의 최고 간부를 한방에 집합시켜 교계의 진흥책을 상의한다면, 전년에 잡지 〈진생眞生〉[3]에 발표된 '장로교

---

3. 1925년 9월 1일 창간된 종교 잡지로, 기독교청년면려회基督敎靑年勉勵會 조선연합회朝鮮聯合會에서 발행.

파의 진흥책'이란 것과 대동할 수밖에 없을 것이니, 즉 먼저 황금을 주라, 또한 모든 교회와 사업이 왕성하리라는 것이었습니다. 소사小事로부터 대사大事에, 사사私事로부터 공무公務에, 불신자로부터 신자에 이르기까지 모두 황금만능의 신조가 견고함이 반석 같은 것은 부인할 수 없는 사실이요, 기독교회 지도자들에게 "먼저 의를 구하라"는 주의 말씀보다도 "먼저 황금을 구하라"는 세속의 교리가 더 강한 반향을 주고 있는 것은 가릴 수 없는 경향이라 할 수밖에 없음을 슬퍼합니다.

그러나 그리스도는 이런 모든 상식적인 개념에 반하여 온갖 문제의 해결건解決鍵(해결의 열쇠)으로 "먼저 하나님의 나라와 그 의를 구하라" 하셨습니다. 이보다 더한 수수께끼가 다시 없으리라 생각됩니다. 현대인에게는 도무지 통할 수 없는 교훈인 듯합니다. 하지만 현대의 기독교인보다도 고대의 동양인들은 이 교훈을 수납受納할 자격이 있었고, 사물의 경중輕重과 본말本末을 구별하는 밝음을 가졌습니다. 양혜왕梁惠王[4]이 "수불원천리이래叟不遠千里而來, 역장유이리오국호亦將有以利吾國乎"[5]라고 물었을 때에, 맹자는 대답하기를 "왕하필왈리王何必曰利, 역유인의이의亦有仁義已矣"[6]라 하였습니다. 즉 치재식산治財殖

---

4. 중국 전국시대 위나라의 혜왕을 말하는데, 도읍을 대량으로 옮긴 후 위나라를 양나라로 고쳐 부르게 되면서 '위혜왕'이 아닌 '양혜왕'이라고 불리게 되었다.
5. "천리를 멀다 않고 찾아와 주었으니 앞으로 우리나라를 이롭게 해 주시겠습니까?"
6. "왕이시여, 하필 이로움을 말씀하십니까? 오직 인과 의가 있을 뿐입니다."

産(재물을 다스려 재산을 불림) 이외에 치국평천하의 근본 원리인 인의仁義의 도가 여기에 복재伏在(숨겨져 있음)하였음을 창도唱導(가르치고 주도함)한 것입니다.[7]

이러한 현자의 안목으로 보면, 대왕 다윗의 뒤를 이어 이스라엘 유사 이래의 공전절후空前絶後(전에도 없었고 앞으로도 없음)한 대 왕국을 통치할 중임을 맡은 어린 왕 솔로몬이 기브온에서 하나님의 "내가 네게 무엇을 주리니, 너는 구하라"는 시문試問(시험하여 물음)에 대하여 "주의 종 내 선친 다윗이 성실함과 공의로움과 정직한 마음으로 주와 함께 주 앞에서 행함으로 큰 은혜를 보이시고, 또 주께서 저를 위하사 이 큰 은혜를 예비하여 두셨다가 오늘날과 같이 저의 자리에 앉을 아들을 다윗에게 주신지라" 하여 감사를 올린 후에, "나의 하나님 여호와여, 종으로 하여금 내 선친 다윗을 대신하여 왕이 되게 하셨는데, 나는 작은 아이라 출입할 줄을 알지 못하고, 주의 빼신 백성 가운데 있사오니, 백성의 수가 많아서 이기어 헤아릴 수도 없고 조사할 수도 없는지라. 지혜로운 마음을 종에게 주사 주의 백성을 재판하게 하옵시며, 능히 선악을 분변하게 하옵소서. 누가 능히 주의 이 많은 백성을 재판할 수 있사오리까" 하고 소원을 아뢰었습니다.

이에 대하여 하나님이 심히 기뻐하시면서 "……네가 이것을 구하

---

7. 《맹자》 양혜왕 1장에 나오는 예화. 중국 춘추전국시대에 맹자가 양혜왕의 초청을 받아 왕을 만나 나눈 대화로, 여기서 맹자는 궁극적으로 인의를 바탕으로 한 왕도정치를 펼칠 것을 주문하였다.

고, 자기를 위하여 장수함도 구하지 아니하며, 또 자기 원수의 생명 끊기를 구하지 아니하고, 오직 송사訟事를 듣는 일에 판결하는 지혜를 구하니, 내가 네 말대로 하여 네게 지혜롭고 깨닫는 마음을 주노니, 전에도 너와 같은 자가 없었고 후에도 너와 같은 자가 일어나지 못하리라" 하여 만족하심을 표시하신 후에, "또한 네가 구하지 아니한 것도 네게 주노니, 곧 부귀라. 네가 세상에 있을 동안에 열왕 중에 너와 같은 자가 없을 것이요, 또 네가 만일 네 아비 다윗의 행함같이 내 길로 행하며 내 법도와 명령을 지키면 내가 네 사는 날을 장구하게 하리라"[왕상 3장] 하셨습니다. 새로이 왕위를 이은 솔로몬의 심중에 '자기'를 위한 사욕은 반편半片(반 조각)도 남기지 않고, 오직 지공무사至公無私(지극히 공평하여 간사함이 없음)한 왕자王者의 현명을 구하였을 때에, 저는 왕자로서의 구할 바 표적에 적중한 것이었습니다. 하나님은 이에 응답하사 저가 구하는 지혜를 넉넉히 주셨을 뿐만 아니라 구하지도 않은 부富와 귀貴와 수壽의 삼복三福까지 첨가하여 주셨다는 이 순서와 사리가 다시 의아해야 할 필요 없는 타당한 것으로 보입니다. 참으로 구하여야 할 바를 말하였다면 전능하신 아버지께서 '또한 모든 필요한 것으로써 더하실' 것입니다.

"그런고로 내일을 위하여 염려하지 말라. 내일 일은 내일 염려할 것이요" 하니 '그런고로' 입니다. 어떠한 유력한 설교자라도 조반朝飯을 굶었고 석반夕飯도 준비할 것이 없는 주린 자를 향하여 '내일을 위하여 염려하지 말라'고 외쳐 보아도, 그것은 무익한 일입니다. 그러나 아무리 빈자貧者일지라도 저가 만일 듣는 귀를 가졌으면, '그런고로'라는 일구一句에는 마땅히 귀를 기울여야 하겠고 놀라 깨어야 하겠습니다. 이는 우주를 관철貫徹하는 능력이 들어 있는 '그런고로' 입니다. 참으로 구할 바를 구하였고, 처할 바에 처하였는데 필요한 것을 주시지 않았다면 이는 전능하신 하나님의 책임인 까닭입니다. '그런고로' 겨자씨만 한 참 신앙이 있거든 빈핍의 극極에 처하였을지라도 안심해야 가可한 것입니다.

"한날 괴로움은 그날에 족하니라."

기독자에게도 전연全然히 곤고困苦가 없을 수는 없습니다. 오히려 세속 사람보다 별다른 달초撻楚(잘못을 징계하기 위해 회초리로 볼기나 종아리를 때림)가 더 많은 경우가 많으나 그 곤고를 대하는 태도가 다를 뿐입니다. 즉 '한날 괴로움은 그날에 족한 것'이 특징입니다. 이스라엘 백성이 애굽을 출발하여 광야를 지날 때에 하늘에서 내리는 만나를 저축하여 명일明日(내일) 걱정을 없애려 하였으나 그것은 허사였습니다 [출 16:20]. 기독자라 하여 일반 시민이 당하는 재난을 특별히 기적적으로 피하거나 신도는 전부 빈곤을 면할 것이라는 등 망상에는 참여할 수 없으나, 만일 '먼저 하나님의 나라와 그 의를 구하는' 바른 자리에 처한 자라면 비록 저가 인간으로 당할 수 있는 가장 곤궁하고 빈천貧賤한 자리에 있다 할지라도 기어코 저에게는 '모든 필요한 것을 더하여 주실 것'이요, 우리는 시인詩人과 같이 "내가 전에 젊다가 지금 늙었으나, 하나님이 의인을 버리신 것과 의인의 자손이 빌어먹는 것을 보지 못하였노라"[시 37:25]고 대담히 말할 수 있을 것입니다. 그러므로 기독자는 단지 소극적 금욕주의자가 아니요, 또한 단순히 미래의 천당만을 동경하는 자도 아니요, 실로 현실 생활에서 위대한 욕구를 품고 맹렬히 진구進求(나아가 힘써 구함)하는 자이어야 하겠습니다. 병고에 신음하는 형제, 실직과 빈한貧寒에 공구恐懼(몹시 두려워함)하는 형제, 위대한 기도企圖를 품고 시세의 불운을 탄식하는 이들은 우선 한 번 모든 급박한 소원을 제쳐 놓고 '먼저 그 나라와 그 의를 구하여' 보지 않겠습니까.

제35호(1931. 12.)

기소욕시어인 己所欲施於人[1]

그런고로 무엇이든지 남에게 대접을 받고자 하는 대로 너희도 남을 대접하여라 이는 율법과 선지자의 대지大늘니라[마태복음 7장 12절, 누가복음 6장 31절].

국문 성경에는 제7장 7절부터 12절까지 한 구절로 되어 있으니, 기도에 관한 교훈으로 해석하면 별로 다른 복잡한 문제가 생기지 않습니다. 그러나 첫머리의 '그런고로'라고 번역한 oun[therefore]이라는

---

[1] 이 글은 '산상수훈연구' 연재 중에서 1932년 1월 제36호에 실린 '산상수훈연구(12)' 편 가운데 하나다. 원래는 "기소불욕물시어인己所不欲勿施於人", 즉 "내가 하기 싫은 일을 남에게도 시키지 말라"의 형태로 사용되며 이는 《논어》 위령공편衛靈公篇에 등장하는 구절이다. 그러나 여기서는 "기소욕시어인 己所欲施於人"의 형태로 썼는데, 이를 해석하면 "대접받고자 하는 대로 대접하라"는 의미이다.

글자가 어디를 받는 것인가 하는 해석이, 학자 간에 구구區區(제각기 다름)하여 혹은 조선 성서와 같이 7절 이하를 받는 것이라고 하며[우치무라], 혹은 산상수훈 전체 즉 제5장 17절[혹은 21절] 이하의 대지를 요약한 것이라 하며[루터, 마이엘²], 혹은 제7장 1절 이하를 받는 동시에 제5장 17절 이하의 모든 교훈을 총괄한 것이라 하며[벵겔³], 또 칼빈과 같이 '그런고로'[oun]는 무용한 글자라 하여 이것을 제외하고 제12절을 전연全然 독립한 일구一句로 보는 이도 있습니다. 각기 상당한 논거를 고집하므로 그 우열을 단정키 곤란하나 어쨌든 이 절로써 산상수훈에 대 단락을 짓는 중요한 구절로 간주하는 점은 거의 일치하는 듯하니, 문전文典상의 시비는 학자의 천명闡明(사실이나 의사를 분명하게 밝힘)을 기다리기로 하고 우리는 모름지기 본 절에 담긴 바 실질적 귀중한 의의만을 상고할 것입니다.

제7절 이하의 기도와 관련된 것으로 보는 이는 '남에게 대접을 받고자 하는 대로'라는 '남에게'는 '하나님에게'로 환치換置(바꾸어 놓음)하고 읽기를 요구합니다. 그리하면 "하나님에게 대접받고자 하는 대로 너희도 남[他人]을 대접하여라"라는 뜻이 됩니다. 11절에 기록된 바와 같이 혈육의 부모보다도 더 완전무결하시고 지선지성至善至聖하신

---

2. 빌헬름 마이어Heinlch August Wilhelm Mayer(1800-1873)를 지칭하는 듯하지만 확실하지는 않다.
3. 요한 벵겔Johann Albrecht Bengel, 1687-1752. 독일의 루터교 신학자이자 《신약성서》의 비평적 주석의 선구자이다.

하나님의 심사心事를 본받아 하나님께서 온갖 선한 대접, 특히 지은 죄에 대하여 관대한 사유赦宥(죄를 용서하여 줌)받기를 원하는 것처럼 남을 관용하라는 뜻이니 "하나님이 이같이 우리를 사랑하였으니 우리가 서로 사랑함이 마땅하도다"[요일 4:11] 하며 "그런고로 사랑함을 입은 자녀같이 너희는 하나님을 본받고"[엡 5:1]라는 등 성구와 병상竝想(나란히 생각함)하면 이 해석에도 귀중한 진리가 있음은 물론입니다.

루터, 마이엘 등에 의하면 "이는 율법과 선지자의 대지大늘니"라는 것이 제5장 17절에 "내가 율법이나 선지자나 폐하러 온 줄로 알지 말라……"고 시작한 이하 전문全文을 요약한 것이라 하며, 뱅겔은 이 위에 제7장 초두에 있는 사람을 대접하는 법의 요결要訣(가장 중요한 방법)임을 첨석添釋(첨가하여 해석함)하였으니, 내용으로는 대동소이한 것으로 볼 수 있습니다. 비근한 일상생활에 생기는 대소 사건에 적용하면 '남에게 대접받고자 하는 대로 남을 대접'할진대 이웃집 사이에 분쟁이 없을 것이요, 나라와 나라가 평화할 것입니다. 엄숙한 의의意義로써 율법 전체를 총괄하는 것으로 보면 소위 서인西人(서양인)이 칭하는바 황금률[The Golden Rule]이니, "둘째는 그와 같으니 이웃 사랑하기를 네 몸과 같이 하였으니 이 두 가지 계명이 율법과 선지자의 대강이니라"[마 22:39]는 것과 일치하며, 바울의 이른바 "너희가 아무 사람에게든지 빚지지 말고 오직 서로 사랑함을 빚지라. 남을 사랑하는 자는 율법을 다 이루었나니, 간음하지 말며, 살인하지 말며, 도적질

하지 말며, 탐내지 말라 한 외에 또 다른 계명이 있을지라도 곧 '이웃 사랑하기를 자기 몸과 같이 하라' 하신 계명 중에 다 들어갔느니라. 사랑은 이웃을 해롭게 하지 아니하나니 그런고로 사랑은 율법을 온전히 이루느니라"[롬 13:8-10] 함도 이 뜻입니다.

만일 이것을 전후와 관련 없이 전연 독립한 일구一句로 보아도 인류가 소유하고 있는 교훈 중에 최대의 교훈임은 불변할 것입니다. 이때에 연상되는 것은 우선 공부자孔夫子[4]의 '기소불욕물시어인己所不欲勿施於人(내가 하기 싫은 일은 남에게도 시키지 말라)'이라는 우리의 이목耳目에 익숙한 구절입니다. 기타 서구에도 이와 비슷한 금언金言이 고대부터 전하여 왔으나 대개는 공자의 말과 같이 소극적으로 표현되었다고 합니다. 그러므로 기독교도가 예수의 교훈이 적극적인 점을 들어 다른 성자의 추종을 불허하는 독특하고 고귀한 것임을 자랑하면 타방他方 이교도들은 '기소불욕물시어인'이나 '기소욕시어인(내가 하고자 하는 바를 다른 이에게 하게 하라)'이나 큰 차이가 없다 하여 기어코 이 두 교훈을 동일한 수평선 위에 세우고자 힘씁니다. 만약 차이 있는 것으로 보이면 동일한 수평선 위에 취급함도 무방한 일인 줄 압니다. 우리는 편협한 종파심으로써 이와 같은 무익한 형해形骸를 위한 싸움—우리나라의 묘墓 소송 같은 계투鷄鬪(닭싸움)적 싸움에는 참여하

---

4. 공자를 높여 이르는 말.

기를 원하지 않습니다. 다만 실제 문제로써, 특히 영계에 관한 '소극'이란 것과 '적극'이란 것은 땅과 하늘이 차이가 있는 것처럼 판이한 것임을 일상생활에서 경험하는 것만은 사실입니다. 세간을 훤소喧騷(요란하고 소란스러움)하게 하는 금주단연禁酒斷煙(술을 금하고 담배를 끊음)의 소리만 높고 그 실현을 보기 어려운 것이 주지의 사실입니다. 만일 저들이 적극적 사랑의 충동에 충일充溢(가득 차서 넘침)하였다면 유해무익한 금주단연뿐이겠습니까, 일보一步를 나아가 바울과 같이 우상의 제물을 먹음도 가하고, 또는 전연 육식을 폐함도 자유로이 될 것입니다[고전 8:13]. 악을 금하고 율법을 지키려 함은 노력이 과대함에 비하여 효과가 희소한 일이요, 이에 반하여 선업善業에 약진할 동안에는 부지불식중에 악행을 떠나게 되는 사실은 다소라도 자기 수양 혹은 교육 사업에 종사하여 본 자가 공통으로 깨닫는 바입니다.

어떤 독신자篤信者(독실한 신자)가 "나의 일이 궁박窮迫하여 형제를 위하여 기도할 여유가 없다" 하면서 (자신을 위해) 열심히 기도한다더니, 저는 다시는 타인을 위하여 기도할 여유를 발견치 못하였을 뿐더러 내종乃終에는 자신을 위하여서도 기도할 수 없는 지경에까지 침체하여졌습니다. 그러나 하나님과 타인을 우선 염려하는 사람의 생활 내용은 항상 충실하였습니다[마 27:42; 고후 6:10].

우리는 경박하고 고만高慢(뽐내어 거만함)한 기독교 국민들이 걸핏하면 이교도[heathen]라 칭하여 공맹노장孔孟老莊(공자, 맹자, 노자, 장자)이나 석가, 소크라테스도 일괄하여 아프리카 토인과 같은 미개인으로 취급하려 하는 만행에는 심히 분만憤懣(분한 마음이 일어나 답답함)을 느끼는 바입니다. 우리는 공자의 교훈의 존귀함을 인식함에 결코 타인보다 떨어지기를 원하지 않습니다. 그러나 지금 논의하는 소극과 적극에는 천양天壤(천지天地)의 차가 있음을 말하지 않을 수가 없습니다. 특히 영계靈界에 관하여는 적극은 하늘이요, 소극은 땅입니다. 기소욕己所欲을 시어인施於人이라는 것은 과연 영계의 기미幾微에 닿은 일이 없이는 능히 말할 수 없는 영역입니다. 실로 '하늘에서 온 자'라야 하늘 소식을 여실히 전할 수 있기 때문입니다[요 6:46].

제36호(1932. 1.)

존재의 전도

　기독교의 전도는 아름다운 언사나 문구로 되는 것이 아니라 십자가의 사실과 부활하신 주 그리스도의 능력으로 되는 일입니다. 특히 현대와 같이 기독교의 형해型骸(내용이 없는 뼈대)만 노방路傍에 전전轉轉(여기저기로 떠돌아다님)하는 세대에 있어서 그러합니다. 지금은 설교로 또는 소위 문서전도로써 복음을 증거할 시대가 아니요, 신도의 전존재全存在 그것으로써 입증하여야 할 때를 당하였습니다. 바울은 "우리가 구원 얻는 자에게나 침륜하는 자에게나 하나님 앞에서 그리스도의 향기가 되나니 이 사람에게는 사망으로 좇아 사망에 이르는 향기가 되고 저 사람에게는 생명으로 좇아 생명에 이르는 향기가 되나니 누가 이것을 감당하리요"[고후 2:15, 16]라고 말했습니다.

1. 참 기독교

또 가로되 "이후로부터 누구든지 나를 괴롭게 말라 내가 내 몸에 예수의 인印친 흔적을 지고 가노라"[갈 6:17]고 했습니다. 바울의 몸에는 예수쟁이라는 낙인烙印을 찍은 것이 있어서 어디 가든지 예수쟁이인 것을 감출 수 없었고, 바울의 몸에서는 예수쟁이라는 강렬한 냄새가 나서 능히 살생殺生하기까지 하였습니다. 사도 바울의 사도된 것은 그 학식과 문필의 힘에 있는 것이 아니요, 실로 존재 그것이었습니다. 그러나 금일今日 전도자는 무취무흔無臭無痕(냄새와 흔적이 없음)하여 팔방미인적인 문화인이 어찌 그리 많습니까.

제105호(1937. 10.)

2. 삶과 신앙

韓國基督敎指導者講壇說敎

입신入信의 동기

한 사람이 회개하고 나사렛 예수를 주 그리스도라고 신종信從하게 됨에는 반드시 성령의 다대多大한 운동이 있었을 것임은 물론입니다. 그와 동시에 사람 편으로서는 각기 개성과 주위 환경에 따라 특이特異(남다른)의 소원과 동기가 없지 않았을 것입니다.

메이지유신明治維新[1]의 신기운에 당면한 일본 청년 50여 명이 구국의 정신에 연연燃燃(불이 붙음)하여 혈서로 상약相約(서로 약속함)하고 기독교에 입신하였다 함은 우리가 들을 때마다 그 기개의 장하였음을 선탄羨歎(부러워하고 칭찬함)하는 바이며, 인생의 향락을 태반이나 누리

---
1. 19세기 후반 일본의 메이지 천황 때, 에도 막부를 무너뜨리고 중앙집권 통일국가를 이루어 일본 자본주의 형성의 기점이 된 정치·사회적 변혁.

다가 40, 50의 인생 정령頂嶺(언덕 꼭대기)을 지난 후에 바야흐로 전비前非(지난 잘못)와 후복後福을 개념介念(마음에 둠)케 되어 전심오도專心悟道(마음을 오로지 한곳에 기울여 불교의 도를 깨달음)에 참매叅昧(어두움에 빠짐)하는 예가 통계상으로 다수多數함을 볼 때에 그 사정의 필요함에 동정을 금하기 어려운 바이었습니다.

그러나 저 자신에게는 50년 전 일본 청년들과 같은 고상한 야심이 주 동기가 아니었을 뿐만 아니라 세속에 수흔受痕(상처를 줌)한 전비前非를 씻고 다행히 후생에 극락세계에 입족入足하기를 애원할 필요도 없었습니다. 저의 관심사는 사후 성불成佛의 문제가 아니었고, 철두철미하게 현생의 문제만 생각하였습니다. 사후에 천사로 화하거나 혹은 지옥 열화熱火 중에 태워지거나, 이런 것이 저의 심령의 오전奧殿(괴로움을 평정함)에 반거盤據(근거를 잡고 굳게 지킴)한 가장 긴급한 문제는 아니었습니다. '어떻게 하면 나의 현재의 육체와 심정 이대로를 가지고서 현생에서 1일이라도 완전에 달성할까?' 이것이 저의 최대 관심사였습니다.

"십유오이지우학十有五而志于學, 삼십이립三十而立, 사십이불혹四十而不惑, 오십이지천명五十而知天命, 육십이이순六十而耳順, 칠십이종심소욕불유구七十而從心所欲不踰矩"[2]라는 한 구절을 논어에서 학습할 때에 이것이야말로 저의 일생의 과정표요, 공자보다도 10년을 단축하여 '육십이종심소욕불유구六十而從心所欲不踰矩'[3]라고 불러 보리라고 내심에 기약하고 일야초심日夜焦心(밤낮 마음 졸이며 고민함)하였습니다. 그러나 초심하면 초심할수록 '덕불수德不修 학불강學不講'[4]이 나의 근심임을 수탄垂嘆(탄식함)하게 되어 60은 고사하고 80에도 '종심소욕불유구'의 역域(근처)을 천답踐踏(발로 밟음)할 희망이 보이지 않아 자못 낙망의 심연에 근위近危(두려움이 가까이 다가옴)하였을 때에 저에게 다시 새로운 희망과 용기를 주어 서게 한 것은 청년 전도사를 통하여 온 기독교 복음의 소리였습니다.

그는 간증하기를 단순히 70세 후에 완성할 것이 문제가 아니라, 지금 현재 20세 청년이라도 신앙에 입종入從하는 동시로부터, 원하여 얻지 못할 것이 없다 하였습니다. 그러므로 이것이야말로 저의 일생의 소원인 '종심소욕불유구'에 달하는 제일 유일의 도道인 줄 자해自解(스스로 풀어냄)하고 약작흔희躍雀欣喜(깡충깡충 뛸 만큼 기쁘고 즐거움) 하였음이 어찌 무리였겠습니까.[5]

그로부터 다시 한 번 노력하기를 시작하였습니다. 마음의 소원인 바 유교의 도덕을 기독교 전도사가 말하는바 '성령의 권능을 빌려'

---

2. 《논어》 위정편爲政編에 나오는 구절. "열다섯에 학문에 뜻을 두고, 서른 살에 자립하게 되고, 사십에 사물의 이치에 대해 의혹을 갖지 않게 되고, 오십에 하늘의 뜻이 무엇인지를 알게 되고, 육십에 모든 사리에 잘 통하게 되고, 칠십에 하고 싶은 대로 하여도 법도에 어긋나는 일이 없었다."
3. '육십에 하고 싶은 대로 하여도 법도에 어긋나는 일이 없다'는 의미.
4. 덕을 닦지 않고 학문을 익히지 않음.
5. 글의 처음부터 여기까지가 1928년 11월 제6호에 실렸고, 그 다음부터 글의 마지막까지는 1929년 9월 제9호에 속편으로 연재되었다.

속성速成하여 보려는 노력이었습니다.

  뿐만 아니라 "견의불위무용야見義不爲無勇也"[6]라는 공자의 말씀과 "의를 보고 행하지 아니함은 죄니라"는 그리스도의 말씀에는 그 심각한 정도의 대차大差(큰 차이)가 있음을 보았고 "이직보원以直報怨 이덕보덕以德報德"[7] 하라는 인간적 교훈과 "적을 사랑하며 오른뺨을 치는 자에게 왼뺨을 향하라"는 초인적 교훈을 비교함은 마치 연지蓮池(연못)의 폭과 대양大洋의 그것을 견주는 것이었고, "기소불욕己所不欲을 물시어인勿施於人"[8]과 "기소욕己所欲을 시어인施於人"[9]하라는 두 구절 등을 생각할 때에 기독교 전반이 무엇임은 알지 못하면서도 도덕률로만 보아도 기독교의 교훈에는 유교의 그것보다 훨씬 심원고대深遠高大(깊고 넓으며 높고 큼)한 무엇이 있음을 규지窺知(엿보아 앎)하였습니다. 원대한 도덕률을 발견할수록 기독교에 대한 저의 열심은 점고유절漸高愈切(점차 높아지고 더욱 간절함)하였습니다. 그리하여 산상수훈의 가구佳句(뛰어난 문장)는 일점일획의 여지없이 성취할 것이라고 자신한 때에 도덕봉을 향하는 저의 순례의 전도前途에는 양양洋洋(발전의 여지가 많음)함이 있었습니다.

---

6. 《논어》 위정편, "의를 보고 행하지 않음은 용기가 없는 자다."
7. 《논어》 헌문편憲問編, "원망하는 이에 대해서는 공명정대한 태도로 보복하고, 은혜를 입은 이에게는 은혜로써 보답하라."
8. "내가 하기 싫은 일을 남에게 시키지 말라."
9. "내가 하고자 하는 바를 다른 이에게 하게 하라."

때에 신뢰할 만한 기독교 교사에게서 산상수훈 해설을 청강하게 되어 저의 기독교관이 그 근저부터 동요하게 되었습니다. "공자의 언행보다도 더 완미장엄完美莊嚴(완전하여 결함이 없고 위엄 있고 엄숙함)한 기독교 도덕률을 신자 각 사람이 살아생전에 실행대성實行大成하는 데에 기독교가 되는 소이所以(까닭)가 있는 줄로 믿는다"는 저의 감화感話(느끼는 대로 말함)에 대하여 교사는 솔직하고 대담하게 이를 부정하고 성서에 그 근거가 없음을 지적하였습니다. 저의 실망이 비상非常할 것을 염려하여 친절한 선배는 내세성화來世聖化의 약속이 있음으로써 저를 위로하려 하였습니다. 그러나 사후 혹은 내세 운운하는 구절은 저를 위로하지 못할뿐더러 실망이 아니면 분개를 더할 뿐이었습니다. 떡을 청하는 자에게 돌을 던지니 무슨 만족이 있으며, 고기를 구하는 자에게 뱀을 주니 어찌 위안이 되겠습니까. 제가 원하는 것은 사후의 성화가 아닙니다, 내세의 약속이 아닙니다. 이 육신 이대로가 살아생전에 1년이라도 혹은 1일이라도 완전의 역域에 달하기가 소원입니다. 이 이상의 것을 제가 필요로 하지 않으며, 이 이하의 것에 제가 만족하지 않았습니다. 기독교가 만일 이 요구에 응하지 못한다면 저는 벌써 더 오래 기독교에 머물러 있을 필요가 없는 것이었습니다. 그러나 공자에게로 돌아가는 것은 심각한 절망을 다시 한 번 반복할 것뿐임을 잘 알았습니다. 오호라, 저의 구도 생활은 이에 이르러 진퇴유곡進退維谷이었습니다.

노력에서 절망에, 번민에서 포기에 떨어지려 할 즈음에 저는 다시 한 번 자아를 굽어보았습니다. 전에는 제가 "의를 보고 행치 못함은 용기 없음이라"는 구절을 볼 때에, 과연 현금現今(지금)의 저는 소용小勇(용기가 적음)의 사람이나 점차 수양 단련하면 내종乃終에는 대용大勇의 사람을 이루리라고 생각하였습니다.

'용기'란 무엇입니까? 전에 가졌던 개념대로는 저도 잘 수련하면 보불전쟁[10]의 발발에 즈음하여 불국佛國(프랑스) 함대를 일거에 인천만仁川灣에서 격퇴하고서 의기양양하였던 대원군의 용기만큼은 발육發育(발달하여 크게 자라남)할 소질을 소지한 줄로 자임하였었습니다. 그러나 모세와 이사야, 예레미야의 용기를 배우고, 스데반과 사도 바울의 용기를 듣고, 예수 그리스도의 용기를 우러러볼 때에 이러한 종류의 용기라고는 천성天性된 대로의 저에게는 추호도 내재함이 없음을 발견하였습니다.

"한 사람이 두 주인을 섬기지 못할 것이라"[마 6:24] 함은 명백한 도리이나 그러나 이를 실행함에는 보름스 회의에 선 루터의 결심을 요하며, 이스라엘을 인솔하고 홍해를 건너던 모세의 의기意氣가 필요하건만, 오호라 제 안에서 어찌 이것을 발견할까요!

"그런고로……목숨을 위하여 무엇을 먹을까 무엇을 마실까 몸을

---

10. 프로이센의 지도하에 통일 독일을 이룩하려는 비스마르크의 정책과 그것을 저지하려는 나폴레옹 3세의 정책이 충돌해 일어난 전쟁(1870-1871).

위하여 무엇을 입을까 염려하지 말라…… 공중에 나는 새를 보라…… 들에 백합화가 어떻게 자라는가 생각하여 보라…… 너희는 먼저 그 나라와 그 의를 구하라"(마 6:25-33).

구구절절이 지당한 도리입니다. 지당한 도리를 실천함에는 비상한 용기를 요합니다. 이러한 용기의 편영片影(작은 그림자)도 제 안에 내재하지 않음을 고백하지 않을 수 없게 되었으니 통탄한들 흡족하겠습니까. 그러나 저에게는 사실입니다. 사람은 모르거니와 저는 과연 두 주인, 세 주인을 섬기는 생활자입니다. 제가 목숨을 위하여 초려공황焦慮恐惶(애 태우며 어찌할 바를 모름)함은 견마犬馬의 본능과 다를 바 없습니다.

저는 과연 공중에 나는 새보다도 못하고 들에 자라는 백합화보다도 부족한 자임을 보게 되었습니다. 제가 먼저 구하는 것은 그 의義도 아니요, 그 나라도 아니고 오직 탐욕의 대괴大塊(큰 덩어리)임을 보고 놀랐습니다. 제가 의를 보고 행치 못함은 용기가 소약少弱(적고 약함)한 연고가 아니고, 의에 응할 만한 용기가 전무全無한 소치所致인 것을 발견하였습니다. 전에는 제가 성선설性善說에 신의信依(믿고 의지함)하여 천품天稟(타고난 성품)의 선한 부분을 발육함으로써 소약少弱에 입지立志(뜻을 세움)하여 노대老大(한창 때를 지나 늙음)에 완성할 것을 기약하여 보았습니다. 그러나 자아를 좀더 명확하게 알게 됨에 이르러 선한 성품이라고는 하나도 내재함이 없고 또 선을 보고도 이를 감행할 만한 용기를 전결全缺(완전히 결여함)한 가련한 죄악의 대괴임을 알게 되었습니다. 자기 수양으로써 완전의 역域에 도달하여 보리라던 야심은 아예 포기하지 않을 수 없었습니다.

"오호라 나는 괴로운 사람이로다. 이 사망의 몸에서 구원하여 줄 자 누군고!" 하고 저는 재빠르게 호소하게 되었습니다. 전에는 제가 태평양의 서안西岸에 서서 어찌어찌하여 피안의 신천지까지 횡영橫泳(모로 누워서 치는 헤엄)하여 보이리라고 호언고거豪言高居(높은 곳에서 의기양양하게 하는 말)하였습니다. 그러나 지금은 제 몸이 노도怒濤(무섭게 밀려오는 큰 파도)에 부대끼어 생명이 경각에 있음을 보고 놀라 구원을 청호請呼(청하고 부르짖음)하게 되었습니다.

"대개 내 속[곧 내 육체 속]에 선한 것이 하나도 있지 아니하는 줄을 아노니 선행하기를 원하는 마음은 내게 있으나 그대로 이루는 것은 없느니라"는 비통한 고백을 마지못하고 지극히 천하고 약한 죄인 중의 죄인 하나가 지성至聖 전능하신 왕 중의 왕 앞에 항복한 것, 자아의 수련 발전이 아니고, 자아를 부정하고 자아를 포기, 자살할 지경에 이른 것이 저의 입신의 동기였습니다. 도덕적 수양에서 권태하고 파산당한 상태의 수습에 피곤한 자가 "건강한 사람은 의원이 쓸 데 없고 병든 사람이라야 쓰나니 내가 의인을 부르러 온 것이 아니요 죄인을 부르러 왔노라"고 선언하신 이에게 달음박질하여 간 것이 제가 예수께로 따라간 걸음이었습니다.

제6호(1928. 11.), 제9호(1929. 9.)

이상理想의 인물

 우리 그리스도를 믿는 자들에게 있어 이상의 인물이라고 하면 으레 그리스도 예수가 그이라고 누구나 즉답할 것입니다. 그러나 정직하게 고백하라면 우리는 그리스도를 이상의 인물로 가지지 못하는 자입니다.

 예수의 지智와 능력과 애愛와 성誠과 그 모든 것은 아무리 더듬어 보고자 하여도 그 한계를 더듬어 낼 수가 없습니다. 그리스도를 더듬어 보려는 것은 마치 우리가 지붕에 올라서서 하늘의 높이와 폭을 더듬어 보려고 상하, 좌우, 전후로 팔을 둘러 보는 감이 없지 않습니다. 그러므로 우리의 기도의 대상은 그리스도일 수 있으나 우리의 현실 생활의 이상적 인물로 바라볼 수는 없는 것입니다.

그 밖에 모든 분과分科의 소위 전문가라는 것을 이상의 인간으로 볼 수는 없습니다. 한 사람 앞에, 사람 위에 전문가라는 것은 귀한 것이나 전문 이외에 아무 취할 것이 없다는 인간은 극히 연민憐憫(가엾고 답답함)할 사람입니다. 전문가 중에도 가장 불쌍한 것은 종교 전문가입니다. 종교를 직업으로 삼는 자처럼 세상에 무익 유해한 것은 없습니다. 종교 전문가라는 것은 상족上簇(누에를 누에섶에 올리는 일) 하게 된 오령잠五齡蠶[1]처럼 그 체질이 투명 무색하여 혈기가 없는 것이 특징입니다.[2] 저들은 허위 조작을 보고 듣고도 분내지 않고, 불의를 목도하면서도 노발할 줄 모르며, 억울한 일 당하는 것을 보면서도 구제할 마음이 발동하지 아니함으로써 도를 통했고 세속을 초탈한 까닭인 줄로 자긍합니다. 우리는 그러한 초超인간을 타기唾棄(아주 업신여겨 돌아보지 않음)하고자 합니다. 근래에 우리가 소위 무교회주의자라는 일파를 향하여 통절한 불만을 토로한 것은 저들 중에 이러한 종교전문가가 출현하려는 경향을 보이기 때문 이외에는 아무 까닭도 없습니다.

우리의 이상의 인물은 모세입니다. 모세를 이상의 인물이라고 함은 3천 년 전에 그가 저술한 우주 창조설이 금일今日 20세기에 와서

---

1. 누에가 네 번째 잠을 잔 뒤 상족할 때까지의 사이, 즉 다섯 번째 탈퇴를 마친 누에.
2. 누에는 보통 5령이 되어 1주 정도 뽕잎을 먹으면 식욕이 감퇴, 정지하고 몸의 앞부분부터 투명해진다.

도 폐퇴하지 않으리만큼 그의 학식이 만고에 초월했다고 해서 그러함도 아니요, 문명 세계의 법전法典의 시초가 된 율법서 5경을 남겨 주었다고 해서 그러함도 아니요, 한갓 종교적 천재라든지, 또는 대정치가 혹은 위대한 군인의 전형이었다든지, 또는 이런 모든 요소를 일신에 겸비한 까닭에 이상의 인물이라고 하는 것도 아닙니다. 그를 이상의 인물이라고 하는 것은 다음과 같은 까닭입니다.

"모세가 애굽 사람의 학술을 다 배워 그 말과 행사行事가 능하더니 나이 40이 되어 가매 마음에 생각이 나서 그 형제 이스라엘 자손에게 가 볼새 한 사람이 원통한 일 당함을 보고 보호하여 눌린 사람을 위하여 원수를 갚아 애굽 사람을 쳐 죽였으니…… 이튿날 이스라엘 사람이 싸울 때에 와서 화목시키려 하여 가로되 너희는 형제라 어찌 서로 해하느냐……"[행 7:22-26]고 하였습니다.

다만 이 까닭입니다. 저는 원통한 일 당하는 것을 보고는 참을 수 없는 핏기운이 있는 사람이었습니다.

제106호(1937. 11.)

나는 복음을 부끄러워하지 않는다

사도 바울은 그 옛날 로마인들에게 서한을 보냄에 있어서 먼저 "나는 복음을 부끄러워하지 않는다"고 쓰고 있습니다. 이 말씀만큼 신자를 힘 있게 하는 것이 없는 동시에 이 말씀만큼 우리를 당혹하게 하는 것도 없습니다. 적어도 저에게는 그렇게 생각되었는데, 복음이 부끄럽다는 경험이 무럭무럭 생각나기 때문입니다. 저의 불신을 책하는 사람들은 잠시 가슴에 손을 얹고 생각해 보십시오. 왜 복음이 부끄럽습니까? 부끄러운 이유는 산더미처럼 있습니다. 우리는 눈에 보이지 않는 여호와 하나님께 말하고 또 구하는 것인데 눈에 보이는 것만을 확실하다고 하는 세상 사람들로부터는 식전食前(식사 전)의 감사도 부끄러움을 초래하는 것이었습니다. 스스로 덕을 닦음으로써 인격 완성에로 용약勇躍하게 인생의 여로를 출발했던 젊은이가 오직 그리스도의 십자가의 그늘에서 구원을 희원希願(앞일에 대한 바람)하는 자가 되어 모든 도덕적 무장을 해제당하여 절대 항복의 쓴 경험을 맛본 자가 되었으니 의지인意志人으로서, 도덕인으로서의 부끄러움은 골수에 사무쳤습니다.

십자가의 피에 자기 죄가 속贖해지는 것, 한 번 죽어서 부활하는 것, 마지막 날에 그리스도가 다시 오시는 것 등 이것이 모두 현대 과학 교육을 받은 자로서 부끄러워할 충분한 이유를 가지는 신조信條뿐입니다. 복음은 실로 부끄러워해야 할 것입니다.

그러나 이런 모든 부끄러운 이유를 다 알면서도 복음을 믿고 후퇴하지 않을 뿐 아니라 이것을 위해서는 언제라도 생명을 바치려는 대기 태세이니 이상한 일입니다. 복음은 이론도 아니고 학문도 아니고 수식修飾도 아니고 생명 그 자체이고 능력 그 자체이기 때문입니다.

"이 복음은 유대인을 비롯하여 헬라인에게도 모든 믿는 자에게 구원을 주는 하나님의 힘이기 때문이다."

이 힘을 체험한 자에게는 "나는 복음을 부끄러워하지 않는다"는 바울의 말이 결코 용기 없는 사람의 말이 아님을 알 수 있습니다. 이 한마디 안에 기독교로 하여금 일약 세계 인류의 종교가 되게 한 희대稀代의 영걸英傑인 바울의 위대한 기백이 스며 있는 것입니다. 그의 전인격, 전 생애가 이 한마디에 걸려 있는 것입니다.

"나의 자전字典 안에는 '불가능'이란 말이 없다"고 대언장담大言壯談한 영웅은 드디어 불가능 안에 갇혀 우수憂愁 중에 사라졌습니다. 그러나 일견 수줍은 청년과 같고, 겁 많은 젊은이 같으며, 무학無學을 부끄러워하는 자 같은, "나는 복음을 부끄러워하지 않는다"고 겨우 말한 남자는 드디어 "누가 우리에게 대적하리요"라고 도전하고, "그러나 이 모든 일에서 우리를 사랑하시는 이에 의하여 이기고 남음이 있느니라"[롬 8:31 이하]고 개가凱歌를 올린 것입니다. 원하옵기는 우리에게 있어서도 그의 이 한마디가 그의 경우와 마찬가지로 가득 차 넘치는 정도의 내용을 갖게 되기를!

제141호(1940. 10.)

환난래患難來

 일찍이 깊은 번민을 내심에 느낀 일이 없고 밖으로 궁핍과 환난이 임한 일이 없이 평탄하고 순조로운 생애를 보내는 자가 있어, 그 장래가 또한 그와 같은 생활의 연장일 것이 보증된다 할진대, 우리는 강제로 쓸데없는 경종警鐘을 난타하여 행인의 신경을 소란하게 하려는 자가 아닙니다. 대개 건강한 자는 의약醫藥을 필요로 하지 않음같이 땅에 만족한 자는 다시 하늘을 욕심내지 않을 것이요, 환난의 고통이 없는 자에게 그리스도가 요구되지 않을 것임을 아는 까닭입니다.

 그러나 심한 내적 번민에 괴로운 형제여, 죄의 중하重荷(무거운 짐)에 피곤한 형제여, "와 보라!"[요 1:46] 그리스도에게. 그는 "곧 길이요 진리요 생명"[요 14:6]입니다. 그리스도의 멍에를 메고 따라가면 "너희 마음에 안식을 얻을 것이니" 그 멍에는 쉽고 그 짐은 가벼운 까닭입니다[마 11:29, 30].

전대미문의 대 경제적 공황과 파산의 선풍旋風 중에 피습被襲되어 있는 형제여, 공연히 상기초사喪氣焦思(기가 꺾여 애를 태움)를 일삼지 말고 장몽長夢을 깨고 현실을 직관하십시오. "네가 헛된 데 대하여 주목하겠느냐. 재물은 마치 자연히 날개가 나서 독수리가 중천으로 나는 것 같으니라"[잠 23:5]는 잠언은 인생의 사실이 아니었습니까. 그러므로 "믿을 수 없는 재물에 소망을 두지 말고, 오직 우리에게 모든 것을 후히 주사 누리게 하시는 하나님께 소망을 두라"[딤전 6:17]는 사도의 충고에 경청하십시오. "대개 헛된 것은 사람의 구원이니라"[시 60:11].

불치의 병환에 신음하며, 시시時時로 죽음의 위하威嚇(위협)에 떨고 서 있는 친구여, 학식과 지위와 인간 모든 것의 진가가 병상에서 가장 명확하게 드러나지 않습니까. "진실로 사람마다 가장 강건한 때에도 한숨뿐이로다"[시 39:5]라는 시인의 통찰에 추호의 에누리가 있었습니까? 고구故舊(사귄 지 오래된 친구)의 위무慰撫(위로하고 달램)와 모든 인간적 세력이란 것이 죽음에 직면한 자에게 대하여 무슨 능력을 발휘하였습니까. "과연 낮은 자도 헛되고 높은 자도 거짓되매 저울에 달면 공허보다도 가볍도다"[시 62:9]. 그러므로 친구여, 현실에 돌아오십시오. 죽음을 정복한 자에게 "와 보라!"

인간으로 나서 인간 특유의 번뇌에 처하여 빈궁과 질병과 환난을 당함은 참 인간의 입문에 선 것입니다. 그 자리 그대로가 하나님께 뵈는 지성소가 아닙니까. 다만 그리스도와 함께하십시오. "환난은 인내를 낳고 인내는 연단을 낳고 연단은 소망을 낳을" 것입니다. 환난에 처한 형제여, 기독基督에게 와서 위안을 얻고 능력을 얻으라고 권하지 않을 수 없습니다.

제44호(1932. 9.)

환각호 幻覺乎

철학을 전공하는 젊은 학자가 그 해박한 학식과 치밀 주도한 논봉 論鋒(논박할 때의 격렬한 논조와 표현)으로써 "기독교는 요컨대 일종의 환각에 불과한 것이니 무식한 자에게는 일시적 안심제安心劑가 될 것이나 다소라도 학문한 인사人士에게는 하등 위력이 없는 것이라"고 함을 듣고, 자기의 신앙에 이론적 근거가 박약한 듯하여 창황愴惶(매우 황급한 모양)한 얼굴로 내담來談(와서 말함)하는 형제가 있습니다.

실상 우리도 과학적 방법이 어떠한 것임을 다소 학습한 자요, 그 방법이 현대 인류 생활에 얼마나 고마운 것인 줄도 잘 아는 자입니다. 과학의 건실성健實性과 철학의 치밀성의 탁월함에 비하면, 아무리 바울의 이론과 어거스틴의 조직이라 할지라도 기독교는 요컨대 환각에 불과하다는 설에 찬동치 않을 수 없음을 우리는 자인自認합니다. 단 이것은 인생이 죽지 않고 장생불로長生不老하는 정적靜的 세계라는 것을 전제로 하고서 말입니다.

그러나 우주는 쉬지 않고 움직이는 우주입니다. 새 생명은 창조되고 낡은 생명은 죽어 가는 우주입니다. 죽음이라는 커다란 요소, 인생의 반 이상을 차지하는 사실을 통틀어 넣고 사고 숙려하여 보십시오. 철학자의 사색이야말로 환각이 아니며, 과학자의 귀납이야말로 공허가 아닙니까? 그러므로 철학자로 하여금 우리의 신앙을 조롱하게 하십시오. 우리는 바울과 함께 "내가 복음을 부끄러워하지 아니하노니 복음은 모든 믿는 자를 구원하시는 하나님의 능력이시라"고 외치며, "사망이나 생명이나 금사今事(지금의 일)나 장래 일이나 우리 주 그리스도의 사랑에서 우리를 단절할 자 없느니라"고 외칩시다.

제80호(1935. 9.)

나의 무교회無敎會

혹자가 와서 권유하기를 "우치무라 간조內村鑑三 씨의 무교회주의는 그 시대와 사회에 대한 일시적 필요로 생겨난 것이지 결코 영존성永存性을 가진 것이 아니다. 그러니 너는 하루 바삐 우리 교회에 참가하라"고 합니다. 누구는 또 말하기를 "우치무라 씨는 영웅이었다. 그런 영웅적 기백을 가진 자가 무교회주의를 제창할 때는 다소의 성과도 없지 아니하였지만 너는 어서 우리 교회에 협력하라"고 합니다. 다른 이는 시사示唆하되 "무교회주의란 것은 교회를 맹렬히 공격하는 것이 그 본연의 사명이다. 너도 좀더 적극적으로 기성 교회를 폭격하든지 그렇지 않으려거든 어서 우리와 협조하여 교회 사업을 하자"고 합니다. 또 말하기를 "우치무라 씨 재세在世(세상에 살아 있음) 중에는 무교회주의도 성盛할 듯하더니 그의 별세 후로는 그 제자들의 부진함에 반하여, 교회 측의 신학 연구가 대성황이어서 소장학자小壯學者들도 교회 측에 오히려 많더라……. 너도 어서 교회인이 되라"고 합니다. 그 밖에도 성심껏 하는 충고가 부지기수입니다.

이런 때에 우리의 친구에게 제일 먼저 요구할 것은 '나는 나'라는 것을 인식하라는 것입니다. 저는 물론 우치무라 간조가 아닙니다. 영웅이 못 되어도 '나는 나'요, 신학설神學說(신학이론)이 변천變遷하여도 '나는 나'입니다. 선생이 이랬으니 너도 이래야 된다는 논법은 제게 하등의 권위가 못됩니다. 이제 우치무라 전집 20권을 펼쳐 놓고 페이지마다 고증하기도 성가신 일이요, 했다고 해도 우리 영혼에 별수 없는 것입니다. 그러므로 무교회를 논하든지 신앙을 의議(의논함)하든지 우선 '나는 나'라는 것을 인식하고서 할 일입니다.

첫째로 우리에게 무교회를 논하는 이 중에는 우리가 우치무라 선생에게서 무교회주의를 전공한 사람인 줄로 아나, 이는 대단한 오인誤認입니다. 근래에 공산당 노국露國(러시아)에서 훈육받은 청년들이 그 주의를 선전할 사명을 가지고 월경越境(국경 등의 경계선을 넘음)하거나 혹은 군관학교 교육받은 청년들이 침입하여 모종某種(어떤 종류) 운동에 헌신한다는 보도에 놀란 경험을 가진 인사들은 우리의 무교회도 곧 그렇게 추상推想(미루어 생각함)하고야 맙니다. 그러나 우리가 10년에 걸쳐 우치무라 선생에게 배운 것은 무교회주의가 아니요, '성경'이었습니다. '복음'이었습니다. 설령 우치무라 선생의 내심內心에는 무교회주의란 것을 건설하며 고취하려는 심산이 있었다 할지라도 내가 배운 것은 무교회주의가 아니요, 성서의 진리였습니다. 그러므로 무교회주의에 관한 왈가왈부의 변론을 당할 때는 우리는 대개 유구무언有口無言 하니, 이는 우리가 전공한 부문이 아닌데 저편에서는 훨씬 열정적으로 공구攻究(힘써 연구함)한 문제인 듯이 보이는 까닭입니다.

다음에 무교회주의는 기성 교회를 공격하는 것이 본연의 사명이라고 하나, 저의 무교회는 결코 그렇지 않습니다. 현금現今 조선 기독교계의 쌍벽이라고 할 만한 장·감(장로교와 감리교) 양 교파는 적극단積極團 문제[1] 발생 이래로 자멸自滅을 목표로 분쟁 또 분쟁이요, 다음가는 성결교파는 성결하지 못한 문제로 탈퇴성명 또는 법정 고발로써 이 역시 자멸할 때까지 상격相擊(서로 공격함)할 것입니다. 무슨 독심毒心으로써 이에 일격을 가하겠습니까. 교회 내에 경애敬愛할 만한 성도가 존재함을 부인함이 아니나, 교회 전체로서 볼 때에 그 정리整理(가지런하게 바로잡음)와 부흥에 희망을 두지 못함은 현 교회 내의 두령頭領들의 심리와 일반입니다. 그러므로 교회 개혁 운운의 일절의 생각을 염두에 두지 않고, 오직 성서의 진리를 배우며 자신을 채찍질하여 그리

---

[1] YMCA의 총무였던 신흥우가 토착적 기독교 신앙의 필요성을 느끼며 1932년 6월 설립한 '적극신앙단積極信仰團'이라는 단체가 기존의 장·감 기독교계와 대립하며 엄청난 파문을 일으킨 일련의 사건을 말한다. 이후 적극신앙단은 1935년 초에 신흥우가 YMCA의 총무직에서 물러나면서 사실상 해체되었다.

스도의 족적足跡을 따르려는 것이 우리의 일입니다. 이래도 무교회주의라고 부르고 싶거든 부르십시오.

제92호(1936. 9.)

무교회 간판 취하取下의 의議

우리는 과거에 무교회자로 행세하였던 것처럼 장래에도 무교회자라는 별명으로써 신앙의 도道를 시종始終할 것을 예상하며 또한 기원합니다. 그럼에도 불구하고 우리는 근일近日에 본산지本産地의 무교회자들을 향하여 무교회 간판을 취하하자고 제의하였습니다. 그 이유는 이러합니다.[1]

'무교회'라는 데 대한 오해가 깊고 딴딴하여서 용이容易하게 본연의 뜻대로 통용되기 어려운 것이 그 이유의 하나입니다. '교회와의 대립 항쟁에만 그 존립 이유가 있다'는 듯이 생각함은 무교회를 고의로

---

1. 이 부분에서 김교신은 "이 글을 읽는 이는 본지 4월호에 광고했던 야마모토 타이지로山本泰次郞 주필 〈성서강의〉지 5월호에 실린 졸고拙稿를 병독하십시오"라고 명시했다.

훼방하려는 자뿐만 아니라, 무교회를 이해하지 못하는 천박한 일반 민중도 그렇게 납득하여 버렸습니다. 기독교의 제일 대지大旨는 신과 사람의 화평을 도모하는 동시에 사람과 사람의 인애隣愛(이웃 사랑)를 중히 여기는 교훈인 것은 너무나 명백한 일입니다. 예수를 믿지 않는다면 모르거니와 예수 믿기를 원하는 자가 어쩌면 '대립 항쟁에만 존재 이유가 있다'는 일을 평생의 사명으로 알고 짊어질 수 있겠습니까. 이렇게 사람을 곡해하는 자의 심지心志에는 크게 왜곡된 무엇이 잠재하여 있다고 자증自證(스스로 밝힘)하는 것밖에 아무것도 아닙니다.

교회 만능을 주창하는 자, 교회 밖에는 구원이 없다고 단언하는 자, 즉 '교회주의자'에게 대하여 '교회 밖에도 구원이 있다'고 프로테스트protest한 것, 구원은 교회 소속 여부의 문제가 아니라 신앙의 문제라고 정정한 것이 루터의 프로테스탄트주의요, 또한 우치무라 간조 선생의 무교회주의입니다. 그러므로 로마 천주교회가 교회주의에 타락하지 않았다면 루터의 '프로테스탄티즘'이 생길 필요가 없었고, 신교 교회가 교회 지상주의로 기형화하지 않았다면 무교회주의가 생길 필요가 없었습니다. 무교회주의는 일명 '전적全的 기독교'입니다. 그 증거로는 우치무라 선생과 그 밖의 무교회자의 저서가 순진한 평신도와 조선기독교회 교역자들에게까지 좋은 영량靈糧(영의 양식)이 되는 일로써 알 수 있고, 순純 조선산朝鮮産 예수쟁이 선배가 동시에 순 조선산 무교회주의자인 것으로써 증명됩니다.─예를 들면 평북교회의 초석이라는 칭함을 받는 강제건姜濟建 선생 같은 이를 보십시오.

  무교회자가 대립 항쟁하는 대상이 하나 있습니다. 그것은 '무릇 진리를 거스르는 자를 향하여 선전 포고'하는 일이니, 그 대상자는 시대와 장소를 따라 변합니다. 오늘날 우리 기독도의 앞에서 진리를 거역하는 역할을 메고 대립한 자는 심히 강대한 괴물입니다. 여호와를 경배하면서 가이사의 것은 가이사에게 주되 하나님의 것은 하나님 아버지께만 바치고자 하는 무리는 모조리―교회의 안에 있거나 밖에 있거나 힘을 다하여 싸워야 할 시대를 당하였습니다. 순교의 피를 뿌려야만 진리의 종교를 판별하게 된 세태입니다. 이런 세대인 고로 '구원이 교회 안에 있다, 밖에 있다' 하는 논쟁에는 우리의 흥미를 잃었습니다. 그리스도를 위하여 박해를 감당하는 자, 그대의 무덤을 우리가 예비하고자 하거니와 또한 우리 시체가 보이거든 그대가 취하십시오.

제100호(1937. 5.)

우치무라 간조[1]론에 답하여

1. 우치무라 선생의 제자다

조선 장로교회 평양신학교 기관지 〈신학지남〉 제12권 제4호[7월호]에 "무교회주의자 우치무라 간조 씨에 대하여"란 논문이 실린 것을 읽었습니다. 읽다가 놀란 것의 제1은 우치무라 선생의 제자를 열기列記하다가 조선인으로서는 제 명의名義를 들고 있는 것이었습니다. 저는 금일今日까지 자진하여 '내가 우치무라 선생의 제자'라고 문자로나 말로써 공표한 적이 없었던 줄로 기억합니다. 그 이유는 다음과

---

1. 1861-1930. 일본 근대 시기의 대표적인 기독교 지도자이자 사상가. 무교회주의를 주창하였고, 당시 지식인들에게 큰 영향을 끼쳐 그 문하에서 많은 무교회주의 기독교 사상가가 배출되었다. 김교신, 함석헌 등을 비롯한 몇몇 한국인 제자들을 통해 한국에도 그의 사상이 전파되었다.

같습니다.

1) 우치무라 선생은 여하간 위대한 선생입니다. 남강 이승훈 선생이 재적在籍(학적에 이름이 올라 있음)하였던 일이 있었다 하며, 여운형 씨가 우수한 성적으로 졸업하였다고 광고하는 평양신학교 기관지인 〈신학지남〉지까지도 일언-言이 없지 않을 만큼 우치무라 선생은 특이한 인물이었습니다. 그러므로 우치무라 선생을 꺼려하는 자도 적지 않은 동시에 선생의 문하에서 가르침 받기를 원하는 자가 매 주일에 7, 8백 명에 달하였고, 멀리 독일 청년까지도 내사來事하였음은 널리 아는 사실입니다. 심지어는 철물 상인이 도고東鄕[2] 대장을 이용하는 것처럼[3], 사이비의 교리를 가지고도 우치무라 선생의 직제자라는 간판을 붙이려는 시대를 당하였습니다. 이런 때이므로 저는 공언公言을 주저하였습니다.

2) 우치무라 선생의 제자로서 일본에 아제가미 겐조畔上賢造, 츠카모토 토라지塚本虎二, 후지이 다케시藤井武, 아사노 유사부로淺野猶三郞 제씨諸氏를 열기한 뒤 조선에 김교신이라고 병기함은 마치 상군象

---

2. 도고 헤이하치로東鄕平八郞, 1846-1934. 일본의 해군 대장, 연합 함대 사령관이었으며 일본의 군신軍神으로 칭해짐. 러일전쟁의 영웅으로 러시아 발트 함대를 대한해협에서 격파하여 일본의 넬슨이라 불린다. 이순신 장군을 가장 존경했다고 한다.
3. 주로 아랫사람이 명망 있는 윗사람의 명성을 이용하여 위세를 부리는 행위를 의미.

群(코끼리 무리)의 행렬에 여마驢馬(당나귀)가 따라감과 같습니다. 혹은 필수畢宿[4], 삼수參宿[5], 천랑天狼[6]의 군群(무리)에 묘수昴宿[7]가 참렬參列(반열에 참여함)함과 방불彷佛합니다. 그 어버이에 그 아들이요, 그 스승에 그 제자란 말이 통용된다면 우치무라 선생의 경우가 그것입니다. 김인서金麟瑞 씨가 열기한 외에도 가나자와 츠네오金澤常雄, 야나이하라 타다오矢內原忠雄, 미쓰타니 다카마사三谷隆正, 구로사키 고키치黑崎幸吉 씨가 지난 5월 28-29일 '우치무라 간조 선생 기념 강연회'에 출강하였으니 모두가 일기당천一騎當千(한 사람의 기병이 천 사람을 당한다는 뜻으로, 능력이 아주 뛰어남)의 대가가 아닌 사람이 없습니다. 이는 물론 최전선에 나선 이들일 뿐입니다. 저는 근 10년간 우치무라 선생의 성서연구회에 참석하는 동안에 어느 의미로서는 우치무라 선생 자신보다도 그 제자들의 위대함에 충심衷心으로 감탄해 마지못하였습니다. 특히 선생 별세 후에 이것을 깊이 느꼈습니다. 그러므로 저는 맹자盲者의 대담을 부리지 못하고, 우치무라 선생의 제자라고 자타가 공인할 이는 조선에도 상응한 선배가 있으리라고 기대하였었습니다.

3) 우치무라 선생의 제자로 조선에서 저의 명의가 기록될 줄은 몽

---

4. 이십팔수二十八宿 중의 하나. 황소자리에서 'Y'자 형태의 황소 머리부분에 해당함.
5. 이십팔수 중의 하나. 오리온Orion자리를 말함.
6. 하늘에서 가장 밝은 별. 시리우스Sirius 별을 말함.
7. 이십팔수 중의 하나. 황소자리의 일부인 플레이아데스 성단에 해당하며, 좀생이별이라고도 부름.

상도 못하였던 일입니다. 그것은 전술한 바와 같이 저는 우치무라 선생의 제자라거나 혹은 이에 근사한 관계를 가졌다 함은 한 번도 발표한 기억이 없었는데 따로 조선인으로서 이 같은 의사를 표시한 이가 적지 않게 있음을 아는 까닭입니다. 〈성서지연구聖書之研究〉지의 "일일日日의 생애" 난에 게재된 중에서 한두 예를 보더라도 그 잡지 제351호[1929년 10월호] 44면의 9월 9일 일기에 조선 성진城津 서창제徐昌濟 군에게서 다음과 같은 엽서가 옵니다.

"최태용崔泰瑢 씨의 주간主幹 〈영과 진리〉[8] 중에 가로되, '……일본의 우치무라 간조 씨의 서적을 탐독한 일이 어찌도 유익하였는지 모른다. 그때에 나는 저의 안에 있고, 저는 나의 안에 있는 것 같아서 저의 말은 나의 마음의 바닥까지를 울리는 것이었다. 그때에 저 위대한 사도의 호흡을 나의 호흡으로 하면서 저를 배운 일은 지금 돌아보아도 상쾌한 일이다. 저에게 배워 기초를 닦음이 없었다면 나의 금일今日의 기독교는 없을 것이다. 나는 저에게 말로 다하지 못할 감사를 느끼는 자이다' 라고 하였습니다. 동일한 감상과 동일한 감사를 동일한 선생께 신술申述(진술)합니다."[〈영과 진리〉 제7호 참조]

이에 대하여 우치무라 선생은 "나는 이처럼 심각하게 나의 저서를 읽은 자가 있음을 오늘까지 알지 못하였다. 그리고 그 사람이 조선인

---

8. 최태용이 일본 유학에서 귀국한 후, 1925년에 창간한 〈천래지성天來之聲〉이 폐간되면서 1929년에 발행된 잡지.

인 고로 더욱 감사하다. 내가 말한 복음은 일본 내지에서보다 대륙 방면에서 보다 더 선한 열매를 맺으리라는 것이 나의 일상 기대하는 바라"고 그 촉망囑望(잘 되기를 바라고 기대함)을 덧붙여 말하였습니다. (우치무라 선생과 조선인 사이를) 위와 같은 관계로 보았습니다. 저보다 훨씬 선배인 최태용 씨가 만일 우치무라 선생의 제자임을 자인한다면 누구나 감히 시비할 이가 없을 것입니다. 그러나 이것은 김인서 씨가 누누이 변호한 바와 같이 최 씨 자신의 의사가 아니라 하며, 다만 동상동감同想同感을 동일한 선생께 표명한 성진 서창제 씨만은 상금尙今(지금까지) 변함이 없는 생각인 줄로 압니다.

다음의 연구지 제318호 이하에 연재된 〈성서지연구〉 조선 독자회 기록에 보면 출석자 25인 중에 김창제, 박승봉, 안학수, 백남주 제씨 등의 4인 조선 사람의 심원한 감상문이 실렸음을 볼 수 있습니다. 특히 김창제 씨는 1916년 이래로 〈성서지연구〉의 독자였으며, 그 다음 해 8월에는 우치무라 선생을 친히 도쿄에 참방參訪(찾아가 뵘)하셨다 하니 저보다 앞서 우치무라 선생 및 그 저서에 친자親炙(스승에게 가까이 하여 몸소 그의 가르침을 받음)하기가 4, 5년 전부터였습니다. 기타 3인도 상당히 장시일간 〈성서지연구〉를 읽음으로써 깊은 감화를 받았다는 것을 각기 고백하였습니다. 우인友人으로 나눌지, 제자로 칭할지 그 구별은 제가 논의할 바가 아니지만 여하간 우치무라 간조 선생을 조선에서 논하려면 우리의 아는 범위만으로도 앞에서 기록한 제씨를 무시하기는 어려울 줄로 짐작하였습니다. 선배 제씨에게 경의를 가지기 위하여 '내가 우치무라 선생의 제자라' 자임하기를 주저한 것이었습니다.

그런데 김인서 씨는 위에 열기한 바 서창제, 김창제, 박승봉, 안학수, 백남주 제씨도 일괄하여 "이들은 족히 논할 바가 없다" 하여 일고一顧(한 번 돌아봄)도 하지 않고 오히려 미약한 후진인 저를 끄집어다가 "조선인으로 양정고보養正高普의 김교신 씨를 꼽을 것이라"고 우치무라 선생의 제자로 꼭 만들어 놓았으니, 과연 이것이 김인서 씨가 우연으로 한 일인지 의식적으로 한 일인지는 모르거니와 저로서는 이제 이를 감당치 않을 수 없을뿐더러 그 영예를 무한히 감사하는 바입니다.

이왕 이처럼 조선 기독교계의 대 세력을 가진 장로교회 평양신학교 기관지에 기재되어 우치무라 선생의 제자임을 천하에 지목받게 되었으니, 저는 지금 대 선생의 명성을 이용한다는 가책을 받을 것 없이, 일본에 있는 우치무라 선생의 제자인 여러 대가들과 병렬竝列하는 당돌한 자라는 비난도 받을 염려 없이, 또한 조선에 있는 여러 선배에게 예양禮讓(예의를 지켜 공손한 태도로 사양함)을 빠뜨린다는 두려움도 없이, 부득이 우치무라 선생의 제자임을 자임할 수밖에 없고, 따라서 사사師事하게 된 전말顚末의 일단과 보도된 사실의 진위에 대하여 일언一言이 없을 수 없는 것입니다.

2. 사사의 전말

처음 전도받기는 1920년 4월 16일 저녁에 도쿄 시東京市 우시코메 구牛込區 야라이 정矢來町 거리를 지나다가 당시 동양선교회 성서학원 재학생 마쓰다松田라는 청년의 노방路傍 설교에 깊이 감동함이 있어 4월 18일[일요일]부터 우시코메 야라이 정 홀리네스 교회에 출석하여 처음으로 신약성경을 매득買得하게 된 것이 신앙의 시작이었습니다 [일지日誌에서]. 그 후 동년 6월 27일에 그 교회에서 시미즈 준조淸水俊藏 목사에게 세례를 받고 일요일과 목요일마다 신앙의 진취를 기뻐하였던 것이 일지에 기록되었으니, 저도 교회에서 전도받고 교회에서 성서를 배우기 시작하였음은 김인서 씨가 자기가 최태용 씨와 동일하다는 점에 우연히 일치하였습니다. 다만 '조선에서'란 데 대하여 '일본에서'였고, '장로교회나 감리교회'란 데 대하여 '성결교회'라는 차이가 있었고, 신세진 것이라든가 인연과 의리에 의하여 동하기보다도 진리의 행사行使를 원하는 마음에 있어서 교회에 대한 판단을 다르게 할 뿐입니다.

1920년 10월 15일에 《구안록求安錄》[9] 독파, 동월 31일에 《종교와 문학》 및 〈성서지연구〉지 탐독 등이 기재되었으니 이것이 우치무라 선생의 저서를 읽은 시초였고, 이에 전후하여 《기독교 신도의 위안》,

---

9. 1893년(메이지 26년) 8월, 경성사서점에서 간행된 우치무라 간조의 저작으로, 마음의 평안을 찾을 수 있는 방법을 소개하고 있다.

《타인론他人論》,《흥국사담興國史談》 등도 병독하였습니다. 동년 11월 초순에 우치무라 선생 댁을 방문하여 최초 대면의 기회를 가졌으나 그 결과는 다대한 실망과 불만을 가지고 돌아왔었습니다. 동년 11월 28일과 12월 12일에 오테 정大手町 위생회관에서 우치무라 선생의 욥기 강연을 방청한 일도 있었습니다. 그러나 그때까지 저는 성결교회의 충실한 회원이었습니다. 당시에 일요일 오전, 오후와 목요일 기도회에 열심으로 출석하며, 또 매회에 약진하는 신앙의 환희를 기록하였던 것을 지금 읽으면 오히려 타인의 기사를 읽는 느낌도 없지 않습니다. 그러던 그해에 연말을 당하여 저의 교회에는 일대 내분이 발생하여 온공溫恭(온화하고 공손함)한 학자인 시미즈 목사는 파면되고 권모술책에 능한 파가 그 지위를 박탈한 사건이 있었습니다. 온갖 불의와 권모가 횡행하는 조선 사회에서 생장生長(나서 자람)한 제가 유일의 이상적 생활과 이상 사회를 동경하여 기독교회에 입참入參하였던 신앙의 초기에 이러한 불의, 음모의 하열下劣(천하고 비열함)한 술책이 교회 내에서 행해짐을 보고는 단지 교회 탈퇴뿐 아니라, 과연 기독교 신앙의 근저까지 동요하지 않을 수 없었습니다.

한동안은 교회에 참석하지 않고 하숙방에서 홀로 예배하였다고 일지에 기록되어 있으니 말하자면 저의 신앙생활의 일대 위기였던 것입니다.

때에 마침 1921년 1월 16일부터 도쿄 오테 정 위생회관에서 우치무라 선생 일생의 대 사업인 로마서 강의가 시작되어 초회初回부터 내 종乃終까지 비상한 열심으로써 이에 참석하였습니다. 제가 우치무라 선생의 《구안록》을 독파하였다 하며, 《종교와 문학》을 탐독하였다 하면 그 양이 방대한 것이 아니고 그 글이 유창한 것이 아님을 아는 이는 '독파'요, '탐독'이라는 용어가 너무도 부당함을 웃을는지도 모릅니다. 그러나 실상은 일기一氣(한 호흡)에 독파하거나 망식忘食(먹는 일을 잊음)으로 탐독하였습니다. 당시에 우치무라 선생의 저서를 읽은 것은 독서하였다기보다 기갈飢渴(굶주림과 목마름)하였던 자가 몰체면하고 음식물을 탐식한 것이었습니다.

당시의 광경을 여실히 표현하라면 아마도 〈영과 진리〉 제7호에 기재된 전게 최태용 씨의 문장을 빎이 제일 방불할 것입니다.

또한 오테 정 위생회 강당에서 로마서 강의를 들을 때에 저의 열성을 말하면 현하現下 교회에 출석함으로써 목사의 환사歡辭를 받는 것이 의례인 줄로 습관된 교회 신자들은 도저히 상상할 수도 없으려니와 오히려 가소롭게 생각될 것입니다. 우치무라 간조 선생의 신앙과 교리 혹은 사상의 심원한 데 이르러서는 제가 과연 그 몇 부분을 학습하였는지 지금 이것을 단언할 수가 없습니다. 다소간 한 것이 있다 할지라도 그것은 비교적 후기에 속한 것입니다. 그러나 우치무라 간조가 아무것이 아닐지라도 일본의 진정한 애국자인 것은 초기부터 간취하였었습니다. 자연과학자의 정신에 입각한 성서 연구와 국적國

賊으로 전 국민의 비방 중에 매장된 지 반생半生 여일餘日에 오히려 그 일본을 저버리지 못하는 애국자의 열혈, 이것이 무엇보다도 힘 있게 저를 견인하였었습니다. 조선에 만일 그와 같은 애국자가 출현하였다면 쏟아 바쳤을 터이었던 경모敬慕(존경하고 사모함)[10]의 마음을 전부 그에게 봉정奉呈(삼가 받들어 드림)하였습니다. 일본 애국자에게 조선까지 걱정시키니까 문제도 생기는 것입니다. 일본 애국자로서 일본을 열애케 하여 두십시오. 증오도 생길 것이 없을뿐더러 가장 아름다운 것을 거기서 발견할 것입니다.

로마서 강연에 600여 좌석도 번번이 부족하여 늦게 가서는 좌석도 없고 음성도 잘 청취하기 곤란하였으므로 저는 대개 반 시간 전부터 가서 앞 열 중앙에 좌정하고서 개강을 기다려 일언반구一言半句도 흘리지 말자고 노력하는 것이 상례였습니다. 욕심으로 전열에 반거盤據(자리를 굳게 차지하고 의거함)하여 듣고 있으면서도 예수의 말씀이 기억되었습니다. 애국자인 우치무라 선생께 대하여 미안한 생각이 무럭무럭 솟아오름을 느끼지 않고서 청강한 적은 한 번도 없었습니다. 예수는 그 12제자를 보내면서 "명하여 가라사대 외방外邦길로도 가지 말고 사마리아 고을에도 들어가지 말고 차라리 이스라엘 집의 잃어버린 양에게로 가라"[마 10:5-6]고 하셨습니다. 또 "대답하여 가라사대

---

10. 원문에는 모慕가 아니라 폭暴이라고 표기되어 있으나 인쇄 오류로 보인다.

나를 다른 데 보내신 것이 아니라 이스라엘 집의 잃어버린 어린양에게 보내심이라……자녀의 떡을 취하여 개에게 던짐이 마땅치 않다"[마 15:24 이하] 하셨습니다.

일본의 애국자가 일본의 잃어버린 양을 찾기 위하여 골혈骨血을 경도傾倒(어떤 일에 마음을 기울여 열중함)하는 자리에 외방 사람이 일석一席을 점유하고 앉았음은 너무도 황송하고 너무도 엄숙한 사정이었습니다. 애국자에 대한 도리를 다하기 위하여서는 점석占席하였던 의자를 일본 청년에게 양보하고 저는 의자 각하脚下(다리 밑)에 들어가거나 천정天井(천장)에 작은 구멍을 뚫고서라도 듣게만 하였으면 만족하겠다는 것이 저의 실제 느낌이었습니다. 당시 저의 감상은 〈성서지연구〉 제268호 [1922년 10월호] 48면의 24일 일기에 기재된 것이 그것이었습니다.

로마서 강연 이후에도 혹은 오테 정에서 혹은 가시와키柏木에서 1927년 3월에 학업을 마치고 귀국할 때까지 만 7개 년여를 우치무라 선생의 교도敎導(가르쳐서 이끔)를 받았습니다. 김인서 씨와 같은 '가관可觀'할 만한 애국자의 문장을 읽고는 저는 감히 나라를 사랑한다고 변명할 여지가 없습니다. 마치 문학박사 이노우에 데쓰지로井上哲次郎 씨의 공격을 당한 우치무라 선생이 변명할 여지가 없었던 것처럼. 그러나 저도 〈연구〉지 제271호 4면 1월 5일 일기에 기재된 조선 형제와 같이[그 누구인지는 모름] '불공대천不共戴天(한 하늘 아래서는 같이 살 수 없는 원수)'의 철심鐵心(쇠같이 굳은 마음)을 가지고 동해를 건넌 자였습니다.

만일 김인서 씨의 우치무라 간조론이 좀더 빠른 시기에 출현되어서 "조선의 젊은 사람들아!……저 산촌山村 예배당에서 기도하는 노파를 찾아보라. 그는 조선 영계靈界에서는 우치무라 대선생보다 큰 자요 귀한 자이다"란 외침을 들을 수 있었다면 저도 우치무라 선생의 문을 두드리기 전에 우선 산촌 예배당을 순례할 성의는 있었을 것입니다.

그러나 불행히 제가 '우치무라 간조'에게서 유일唯一의 선생을 발견하고 태심太甚(너무 심함)하였던 기갈이 의유醫癒(병이 나음)된 후였습니다. 조선인 된 제게 이것이 과연 영예인지 훼손인지 이利가 되는지 해害가 되는지는 분변치 못하나 기성 사실로써 우치무라 선생은 제게 무이無二(다시 없음)의 선생이었습니다. 감히 말하노니 우치무라 간조 선생은 제게 '유일의 선생'입니다. 다시 말하노니 저는 선생을 가진 사람입니다. 지나支那(중국)에는 생이지지生而知之(학문을 닦지 않아도 태어나면서부터 앎)한 사람이 있었다 하고, 사도 바울은 선생을 모시지 아니하였음을 자랑하였으니 전자는 성인이라 칭할 것이요 후자는 비길 데 없는 대사도였습니다. 근일에도 비범한 전도자의 소질을 가진 이는 "대개 내가 사람에게서 받은 것도 아니요 누가 나를 가르친 것도 아니요 오직 예수 그리스도의 묵시로 말미암아 받은 것이라"[갈 1:12]고 선언함을 종종 보는 바입니다. 그러나 저는 지극히 평범한 길을 걸었습니다. 즉, 우치무라 간조란 인간의 지도를 통하여 복음의 오의

奧義를 가르침 받았다는 것입니다. 우치무라 선생이 실리Seelye[11] 선생의 지도를 받았음도 또한 평범한 것이었습니다.[12]

3. 사실의 오전오단誤傳誤斷[13]

1) 김인서 씨는 〈성서조선〉을 중심으로 한 동지들을 논하는 단락에 이르러 "……우치무라계의 후지이 다케시는 연전年前(몇 년전) 조선 기행문에 가로되 '조선인은 돼지 같다'고 하였으니 복음에까지도 우월감이 있는 자에게 배우려 함은…… 위험하지 아니할까 한다"고 논하였습니다. 〈성서조선〉에 관한 시비 논단은 아직 우리들이 이에 개의할 바가 아닙니다. 그러나 순진한 의인義人 후지이 다케시 씨에게 이런 종류의 무근지설無根之說(터무니없는 뜬소문)로써 중상中傷을 가하려 함을 보고는 의분조차 억제할 수 없습니다. 후지이 다케시 씨라는 사람됨을 알지 못하는 이에게, 예컨대 김인서 씨와 같은 이에게 후지이 씨의 사람됨과 그 생활을 설명하려 함은 과연 우이송경牛耳誦經(쇠귀에 경 읽기)이요, 또한 돼지 앞에 진주를 던짐입니다. 오직 우리가 원하는 바인 김인서 씨에게 과연 후지이 씨와 비길 만한 성실이 있거든 앞에

---

11. Julius Hauley Seelye, 1824-1885. 목사·교육자로서 미국 애머스트 대학의 총장을 역임했다.
12. 글의 처음부터 여기까지가 1930년 8월 제19호에 실렸고, 이 다음부터 마지막까지가 1930년 9월 제20호에 이어서 연재되었다.
13. 사실을 잘못 전하고 잘못 판단함.

든 조선 기행문이란 것의 출처를 명시하여 달라는 것입니다. 후지이 씨가 독립으로 〈구약과 신약〉지를 경영한 지 10년, 지난 7월호[제121호]까지 거의 전부 저의 궤변机邊(책상 주변)에 있으나, 그 어느 면에서도 조선 기행문을 발견할 수 없습니다. 만일 이 기행문이 모년 모월 어느 잡지 몇 면에 기재되었음을 지적하여 낸다면 우리는 김인서 씨의 학도적學徒的 책임감에 대하여 지대한 경의를 표하기를 주저치 않는 바입니다. 그러나 이것이 전연 무근한 조언造言(근거 없는 사실을 꾸며서 하는 말) 수작이라 하면 저는 차라리 씨(김인서를 지칭함)와 같은 이를 산출産出하게 한 교회의 분위기와 신학교 교풍과 목사직이란 등등의 여러 요소를 타기唾棄(아주 업신여겨 돌아보지 않음)하는 바입니다.

저는 1926년 8월에 다케모토 기요조武本喜代藏 씨 주간의 〈영화靈化〉에서 "아침 일찍부터 표연飄然히 조선인 부락 방문. 돼지우리 같은 초가집 속에 다수의 남녀가 우글우글하고 있는 형편을 가엾게 생각했다……" 운운의 일절을 읽고서[동지同誌 제74호 5면] 단연斷然 구독을 중지한 사실이 있었습니다. 그러나 후지이 다케시 씨와 다케모토 기요조 씨와는 그 성명에 '무武' 자가 공통되었을 뿐입니다. 아무리 몽롱한 노인일지라도 다케모토 씨의 사실로써 후지이 씨를 참무讒誣(참소와 무고)하여 마치 ML당 사건[14]을 가지고 장로교회를 시비하려 함과

---

14. 제3차 조선공산당 사건.

같은 무의미한 일을 감행할 수는 없을 줄로 사유하는 고로 김인서 씨의 기행문 운운의 출처는 다른 데 근거함인 줄로 기대하는 수밖에 없습니다.

2) 무교회주의란 무엇입니까. 김인서 씨의 소론所論에 의하면 최태용 씨는 "우치무라 씨의 신앙 경험에 동감하여 그의 저서에서 '교회 외에도 구원이 있다'는 시사를 받음에 불과하다" 하였고, 오직 〈성서조선〉 동지들은 '우치무라식 무교회주의거나, 신제新製 비非교회주의의 배양론자排洋論者(서양의 사람·문화·사상을 배척하는 사람)'로 칭하였습니다.

배양론에 관하여는 1929년 1월 13일 오후 3시, 경성 중앙기독교청년회관에서 최태용 씨가 "다시 우리는 '프로테스탄트'이다"의 제목으로 강연한 중 선교사에 논급한 일절처럼 철저한 의견을 〈성서조선〉지에서 발표할 수 없었음을 섭섭해 하는 바이며, 비교회주의를 나에게 처음으로 '설시說示(설명하여 보임)' 혹은 '언표言表(말로 나타낸 바)'하여 준 이는 최태용 씨[성북동에서]였습니다. 즉 비교회주의의 신제자新製者는 〈성서조선〉 동지들이 아니고 최태용 씨 그 사람이었습니다. 배양론이나 비교회주 모두 저도 찬동한 바이었으므로 지금 그 책임을 회피하려 함은 결코 아닙니다. 그러나 출처를 명백히 하고 사실을 사실대로 함은 정확을 기하는 자의 소원입니다. 김인서 씨가 장로교회와 최태용 씨에 대하여 충성을 다함은 씨(김인서)의 자유일 것입니다. 그러나 최 씨의 주의와 소론을 박탈하여다가 〈성서조선〉 동인에게 씌워 놓고 이것을 공격하려 함은 가소롭기도 하려니와 다소 미혹이 아닌 것도 아닙니다.

우치무라식 무교회주의란 무엇입니까? 제가 배운 대로는 '교회 밖에 구원이 있다'는 것이 우치무라식 무교회주의의 전부입니다. 이 이하의 것도 아니요, 이 이상의 것도 아닙니다. 로마 천주교회가 '교회 밖에 구원이 없다'고 할 때에, '교회 밖에 구원이 있다'고 프로테스트한 것이 루터의 종교개혁이었고, 모든 신교 교회가 구교로 퇴화할 때에 다시 한 번 '교회 밖에 구원이 있다'고 주창한 것이 즉 우치무라식 무교회주의란 것입니다.

3) "우치무라 선생이 홋카이도北海道 우치무라 무사의 집안에서 출생하여……" 운운하는 말은 쓰지 않음이 정확할 뻔하였습니다. 평양 신학교에서는 조슈上州와 홋카이도를 혼돈하는 것 만한 일은 다반사로 여길는지 모르나 〈신학지남〉에 기재된 횡문서굴橫文書窟(가로쓰기 글로 된 책이 가득 쌓인 곳)인 서재에서 "학불염교불권學不厭敎不倦"[15] 하시는 대가 여러분의 논의에도 그 정확한 정도가 이렇게 할인割引으로써 신빙케 된다 하면, 이 역시 한번 생각할 바일 것입니다.

---

15. 《맹자》 공손추公孫표, "배우는 데 싫어하지 않고 가르침에 게으르지 않다."

4) "바울 당시의 이방인은 유태주의의 할례당을 거절하지 아니할 수 없었습니다. 우치무라 씨는 바울 교리를 가진 일본주의의 무사당 武士黨이니, 씨(우치무라)의 제자 되려는 조선 기독교도도 무사도의 할례를 받음이 당연하지 아니할까" 운운하는 일절을 읽으면, 누구든지 대체 평양신학교란 데서는 어느 정도의 성서 지식을 교수하는지, 과연 남강 이승훈 씨, 여운형 씨와 같은 수재만 운집하였는지 의심하지 않을 수 없습니다. 우리 평신도의 생각으로는 바울 당시의 이방인은 유태주의의 할례당을 거절하고서 복음만을 신수信受하였던 것처럼, 조선 기독교가 우치무라 선생께 배우려거든 그 무사도보다도 그가 가진 바울의 교리를 받으라는 것이 추리에 합한 듯하건만 독자는 어떻습니까?

5) 김인서 씨에 의하면 "공자와 석가가 압록강을 건넌 것처럼 예수의 복음도 압록강을 도래한 것이고 현해탄을 건너올 것이 아니라" 하며, "우리 하나님이 언제 영의 말씀도 화인和人(일본인)[16]을 통하여 들으라 하시더냐"고 큰 소리로 질타하였으나 만일 이 법칙을 힘써 행한다 할진대, 십 수 인의 우치무라 씨 제자를 제압하려 하다가 평양신학교와 장로교파는 물론, 전 조선 기독교계에 일대 장애물을 건축한바 되

---

16. 화和는 일본의 건국이념이자 일본의 전 역사를 관통해 온 지배적 사상으로, 일반적으로 화국和國은 일본을, 화풍和風은 일본식 스타일, 화인和人은 일본인을 가리키는 말로 자리잡았다.

었고, 또 용납할 수 없는 불신의 언사를 농락하였음을 깨달을 것입니다. 우선 예수 복음은 현해탄을 도래하여서는 불용지물不用之物(아무 소용이 없는 물건)이라 할진대, 각 교파와 각 신학교 등에서 미국에 보냈던 유학생들과 외국서 파견하는 선교사들은 기어코 구주歐洲에 건너가서 시베리아를 경유하여 입국하여야 될 것이며, 부득이 태평양을 건너 요코하마橫濱를 거쳐 올 경우에는 도쿄, 고베神戶 등지의 일본인 경영 신학교 출신들과 동선同船하여 일단 상해上海 혹은 대련大連에 상륙하였다가 압록강을 건너와야 할 터이니 그 불편이 얼마나 되겠습니까? 현금現今 도쿄 메이지 학원 신학부에 재적하고서 수학 중에 있는 최태용 씨도 일본에서의 수업을 마친 후에는 위와 같은 세례를 통과하지 않고는 조선에 와서 설 근거가 없을 것이니 가히 탄식할 만한 일이라 할 것입니다.

뿐만 아니라, 이 압록강 도래와 현해탄 도래를 엄밀히 분파分派하여 차별하자는 것이 풍문에 들리는 바와 같이 과연 평양신학교 일파의 전통적 정책이 폭로된 것이라 하면 일본 출신의 교역자 제씨께 대하여 심심한 동정을 금할 수 없는 것입니다.

하물며 "언제 영의 말씀도 화인을 통하여 들으라 하시더냐"는 구절에 이르러서는 그 애국적 기상은 '가관可觀'할 바 있다 할지라도 그 불신의 태도는 간과할 수 없습니다. "언제 영의 말씀은 화인을 통하여서는 듣지 말라고 하시더냐"는 말입니다. 하나님은 김인서 씨가 상정한 규정 안에 무위칩거無爲蟄居(가만히 틀어박혀 있음)할 하나님이 아닙니다. 삼각형의 내각의 화和(합)는 이직각二直角이라는 듯이 고정한 것은 여호와 신의 속성이 아니신 줄로 압니다. 제가 믿기로는 장인匠人이 버린 돌을 초석으로 쓰시는 활력을 가진 이가 하나님이요, 선인鮮人(조선인)으로 화인에게 듣게 할 수도 있고, 화인으로 선인에게 배우게 할 수도 있는 이가 하나님인 줄로 알았습니다. 최태용 씨 저著 《일본에 보낸다》에 부친 우치무라 선생의 서문은 이것을 가리킴이었고, 김정식金貞植 선생이 가시와키柏木에서 나를 보고 "우치무라 선생은 세계에 드문 선생이니 모쪼록 잘 배우라"고 감격에 넘치는 어조로써 장려한 말씀은 저들이 피차 진실한 애국자인 동시에 산 하나님을 아는 자들인 까닭이었습니다. 저들은 인자가 나사렛에서 났다 하여도 하나님을 의아해하지 않았습니다. 그러나 경학자는 '나사렛에서 무슨 선한 것이 나겠느냐'고 자기의 고집을 부렸던 것입니다.

4. 우치무라 선생에게서 무엇을 배웠나?

우치무라 선생과 조선과의 관계는 김인서 씨가 논단한 바와 같이 극히 미미한 것입니다. 〈천래지성〉과 〈성서강대聖書講臺〉지 등의 각 주필은 극히 적은 영향을 받았을 뿐이었고, 〈성서조선〉 동인들이 가장 깊은 교섭을 가졌으나 이 역시 5, 6인에 불과한 것이니 문제될 것이 없으며, "그 여타는 족히 논할 바가 없다"고 말합니다. 연전年前에 조선 기독교인 105명의 옥사獄事[17] 당시에 선한 사마리아인으로서 그리스도와 정의를 위하여, 조선 예수교회를 위하여 노력한 일이 있은 외에는 대체로 우치무라 선생은 조선 기독교와는 관계 영향이 전무합니다. 그 우치무라 선생을 향하여 '종교의 독재 제국 건설'이니 '조선 영계靈界를 탐탐웅시耽耽雄視(노려보고 위세를 보이면서 남을 대함)하는 영적 제국주의의 야심' 운운함은 너무도 사실을 왜곡한다고 하기보다도 군인이 군비에 관하여 신경과민한 것처럼 교회인이 교회 방비에 관하여 과도하게 신경이 쇠민衰敏하여진 병증으로 볼 수밖에 없을까 합니다.

'전도 데이(day)', '전국총동원', '대거전도大擧傳道', '대거기행렬大擧旗行列' 등의 문구나 선동은 일찍 한 번도 우치무라 선생께서 들을 수 없었습니다. 제가 배운 것은 다음과 같습니다.

"……대 전도를 하려고 시도하지 말고, 대 기적을 행하려 말고, 오직 신명神明을 중히 하고, 그 말씀이면 다만 좇고, 신을 믿는 것이 곧 사업인 줄로 믿고, 무위無爲에 유사한 생애를 보내는 것이다. 신

---

17. 1911년 일본이 한국의 민족운동을 탄압하기 위해 일으킨 105인 사건. 사건이 일어나기 바로 전 해에 안명근이 총독 데라우치 마사타케를 암살하려다 실패한 사건이 있었는데, 일본은 이 사건을 조작하여 신민회원 600여 명을 검거하고 이 중 대표적인 인사 105명이 기소되었다. 기소된 인물이 105명이라 105인 사건이라는 이름이 붙었다. 이 사건으로 신민회 조직은 와해되고, 1심에서 105명 모두 유죄 선고되었으나 항소심에서 99명은 무죄, 나머지 6명은 유죄가 선고되어 옥고를 치렀다.

앙 생애의 대부분은 인내다. 정숙이다. 그러므로 활동 비약을 사랑하는 이 세상과 이 세상 교회에는 칭찬받지 못하는 생애다. 그러나 이것이 신과 함께 걷는 생애다. 이 세상의 교회에는 칭찬받지 못할지라도 하나님께 칭찬받는 생애다. 하나님이 깊은 것처럼 깊은 생애다. 저가 잠잠한 것처럼 잠잠한 생애다. 하나님에 거하여 자기에 충족한 생애다. 아무런 사업을 일으킴이 없을지라도 감히 불만을 느끼지 않는 생애다. 또 신에게서 어떤 것도 받지 않을지라도 저 자신을 주셨으므로 그 외 다른 것을 필요로 하지 않는 생애다."

김인서 씨가 만일 우치무라 간조 선생이 가르친바 기독교의 본질과 그에게 수업한 제자들이 어떠한 생애를 원하고 있는가 함에 관하여 좀더 상고함이 있었으면 '선생의 내적 잠행潛行적 침입'에 대한 신경의 과로는 제거할 수 있었을 것입니다. 우치무라 선생과 그 제자는 결코 두려울 것이 아닙니다. 그러나 교법학자敎法學者 가말리엘의 말은 피차 기억하여 둘 것입니다.

"이 사람을 상관 말고 그만두라. 그 뜻과 일이 사람에게로서 났으면 무너질 것이요, 만일 하나님께로서 났으면 너희가 능히 무너뜨리지 못하고 도리어 하나님을 대적할까 하노라"[행 5:33 이하 참조].

제19호(1930. 8.), 제20호(1930. 9.)

냉수마찰과 종교

　냉수마찰로써 건강을 증진하려던 이가 뜻대로 증진되지 않을뿐더러 도리어 몸이 상하는 경향이 있으니, 어떻게 할 것이냐고 질의하는 것에 대하여 저는 "그렇거든 냉수에 온탕을 가하든지 또는 실내에서 하여 보라"고 답하였습니다. 그러나 묻던 이는 매우 불복不服하는 태도였습니다. "냉수마찰이란 것은 차디찬 천연냉수로써 찬바람에 쏘이면서 하는 것이 냉수마찰이지, 온탕이라, 실내라 하니 대체 그게 무슨 놈의 냉수마찰이요" 하는 것입니다. 그러므로 다시 설명하되 "영하 8도의 추위는 8년 만이라, 10년 만이라고 야단들 하는 도쿄서 배운 냉수마찰을 영하 20여 도로 강하降下(아래로 내림)하는 것이 연중행사인 서울 와서도 그대로 천연냉수에 한풍寒風을 쏘이면서 해야만 냉수마찰에 충성하는 것이라는 법은 없다. 대만臺灣 남부는 연중 영하의 물을 만져 볼 수 없거니와 우리 중강진中江鎭은 영하 35-6도로 쑥쑥 내려가며 신경新京(중국의 장춘長春)이나 합이빈哈爾賓(하얼빈)은 더 춥지 않은가. 그런 지방에 가서도 외풍을 쏘이면서 천연냉수에 한다면, 그 다음 순간에는 매장埋葬 허가가 필요하게 될 것이다." 운운할 때에 '그럴 듯도 하다'고 크게 납득함이 있는 모양입니다.

냉수마찰의 요령은 체온과 냉수와의 온도 차를 이용하여 심신에 자극을 주는 것이니 남북의 지방에 따라, 하동夏冬(여름과 겨울)의 계절에 따라, 노소강약老少强弱의 체질에 따라, 얼마든지 가감加減도 하며 변화도 할 수 있는 것이요, 또 그렇게 응용했어야만 그 기대하는 효과를 수확할 것인데, 그 원리 원칙을 파악하지 못하고 외형만을 고집한즉 가소로울 뿐만 아니라, 냉수마찰 10여 년에 도리어 건강을 완전히 상하였다는 실례도 없지 않습니다. 냉수마찰같이 간단한 행사에 있어서도 그 핵심을 붙잡지 못하고 외형만을 본보기 한즉, 이와 같은 골계滑稽(익살을 부리는 가운데 어떤 교훈을 줌)를 연출합니다. 하물며 이심전심以心傳心하는 종교적 진리에 관해서야 더 말해 무엇하겠습니까.

우치무라 선생의 초기 제자 중에 A라는 청년이 있었습니다. 1년간의 성서연구회도 무사히 끝나고 연말 가까운 때에 성탄 축하회가 열렸습니다. 이 회에 출석한 A청년에게 한 가지 놀랄 만하고 분개할 만한 일이 눈에 띄었습니다. 그것은 엄격한 우치무라 선생 문하에 진리만을 갈구하여 모인 회합인데 그 좌석의 중앙에 다과茶菓의 상이 진설되어 있는 일이었습니다. A청년은 내심 변명하면서 생각하기를 '이것은 연구회 청년들 위원 중에 다과를 즐기는 잡류배雜流輩(잡다한 유파의 무리)가 섞여서 그랬을 테지. 대다수의 청년들이야 설마 이것을 원했으랴. 또 다른 사람들은 몰라도 우치무라 선생님이야 다과 같은 것을 입에 대실 리가 만무하려니' 하면서 착석하였습니다. 회가 진행됨에 따라 청년들은 이 구석 저 구석에서 쑥쑥 팔을 내밀어 주저 없이 다과를 집어 가기 시작했습니다. 오직 A청년만은 한 개도 집어 오지 않았을 뿐만 아니라 위의威儀(위엄 있는 몸가짐이나 차림새)를 돋우고 단좌端坐(단정하게 앉음)하여 우치무라 선생만을 주시하였습니다.

그러나 우치무라 선생도 다과를 집어 잡수실 뿐 아니라, 밀감 두어 개로써 천장을 향하여 공기치기[1]까지 하면서 청년들과 다름없이, 도리어 청년들보다 더 흥이 넘쳐서 자유롭고 쾌활하게 담소 희락喜樂하는 광경을 본 A청년은 자기의 기대가 허지虛地(힘은 들었으나 아무 성과도 거두지 못함)에 돌아갔음에 크게 실망하였습니다. 신직愼直(진실하고 바름)하시고 엄숙하신 대 선생님이, 입을 열면 여호와 하나님의 추상秋霜(당당한 위엄이나 엄한 형벌) 같은 의를 설교하시고, 붓을 들면 그리스도의 우주 구제를 증거하여 마지않는 대 선생님이, 다과상을 대하여서는

---

1. 공 같은 물던 두 개 이상을 땅에 떨어지지 않게 하나씩 번갈아 가며 공중에 올리며 받는 놀이.

보통 세상 인간들과 다름없으니 그럴 도리가 있겠느냐고 생각했습니다. A청년은 한동안 눈을 감고 '좌석을 차고 이런 속된 무리에서 탈퇴할 것이냐 아니냐' 하고 자기의 취할 태도를 고려하였다고 합니다. 그러는 동안에 일조一條(한 줄기)의 광명이 이 청년에게 임하여 대오일번大悟一番(한 차례 크게 깨달음), 드디어 팔을 내밀어 막판이 가까운 때의 나머지 다과를 포식하였다 합니다.

당시의 A청년도 지금은 회갑 기념회를 지내 보낸 지 수 년, 자기의 편협을 뉘우치며 진리 체득의 곤란困難을 회중 앞에서 고백 간증하기 기십차幾十次(몇십 번)라고 합니다.

위와 꼭 같은 다과 문제가 저에게도 있었습니다. 연전年前에 남선南鮮[2] 지방 독자를 찾아 순회하던 길에 조령鳥嶺[3] 너머 어떤 소읍小邑에서의 일이었습니다. 제가 다과를 사양치 않고 잘 먹는 것을 보고서야 제 속에 인간미를 발견하였던지, 한 청년은 심히 놀라며 반가워하면서 온갖 정화情話(정다운 대화)로써 밤을 새운 일이 있었습니다. 생각하면 우스운 일이지마는 인간은 사물을 존재한 그대로 보지 않고 반드시 자기 자신의 경향과 취흥醉興(흥취)에 맞도록 형상을 만들어 씌워 놓고 보는 까닭입니다.

무교회주의 십 수 년에 그것이 옳지 않은 줄 깨닫고 '전향轉向'[4] 하

---
2. 한반도를 크게 둘로 나눌 경우 남선南鮮은 북선北鮮과 대비되는 말. 남쪽지방 일대를 가리킨다.
3. 경상북도 문경시와 충청북도 괴산군의 경계를 이루는 고개. 새재 혹은 문경새재라고 불린다.

2. 삶과 신앙

겠노라는 종교 천재가 종종 뛰어 나오나, 이것도 요컨대 냉수마찰 환자나 다과회 청년의 류類에 불과한 것입니다. 우치무라 선생의 문을 두드리기 수십 차례이었으되, 본연의 우치무라 선생은 한 번도 보지 못하고 자기 내심에 그려 가지고 갔던 화상畵像 우치무라 선생만을 보고 다녀온 자요, 무교회주의를 생활하며 선전해 온 줄로 자신하였으나, 역시 맹인이 코끼리를 구경함같이 외형의 일편―片만을 만졌던 것이 판명되었을 뿐입니다.

무교회주의를 버리고 가는 이는 대개 예외 없이 '남을 비판 공격하는 것이 무교회주의'인 줄로 알았던 사람들입니다. 이것도 냉수마찰이라고 하면 항춘恒春5에서도 합이빈에서도 꼭 같이 외풍外風에 쏘이면서 천연냉수에 할 것이요, 남의 사장師長(스승과 나이 많은 어른)된 사람은 으레 다과 같은 것은 먹지 않을 것이라고 단정하는 것과 마찬가지입니다. 세상에 가련한 것이 많으나, 형形만 보고 심心을 파악할 줄 모르는 종교 지도자같이 가엾은 존재도 드뭅니다. 색맹처럼 이것도 일종의 병신病身이라면 그만일 것입니다.

제140호(1940. 9.)

---

4. 문자 그대로는 방향을 바꾼다는 뜻이지만, 일반적으로 종래의 사상이나 이념을 바꾸어서 그와 배치되는 사상이나 이념으로 돌린다는 의미이다.
5. 대만의 최남단에 있는 도시.

영혼에 관한 지식의 고금

공자는 계로季路[1]의 질문에 대답하였습니다. "미지생언지사未知生焉知死"[2]라고. 만일 가능하다면, 생각지 않고라도 견딜 수 있다면, 우리는 동양 고성古聖의 언훈言訓을 그대로 마음에 새겨 이 사후 문제는 다시 염두에도 오르게 말고 현생만 보고 살고자 원합니다. 아! 얼마나 단순하고 행복스러운 일생이 될까요?

그러나 보십시오. 공부자孔夫子로서 이 구절을 통해 묻던 자의 주의를 다른 데 전환시키고자 시도했던 당세當世의 관심사를! 70여 현

---

1. 공자의 제자 가운데 공자를 제일 잘 섬겼다는 자로子路와 동일인으로 알려짐.
2. 《논어》 선진편先進編에 나오는 말로 '죽음이란 무엇입니까'라는 자로의 질문에 대한 공자의 답변. 이를 풀이하면 "생을 모르는데 어찌 죽음을 알 수 있겠는가"라는 뜻이다.

철賢哲(어질고 사리에 밝은 사람)의 솔직한 대언代言을! 그 초려焦慮(애를 태우며 하는 생각)를!

철학자가 흔히 그 담담한 사색적 생활의 고뇌를 탄식하여 '인간은 사색적 동물로 났으니 무가내하無可奈何(어찌할 수가 없음)'라 합니다. 하지만 철학자란 특수 계급에 한할 뿐만 아니라, 모든 생을 받은 자, 전 인류가 사死를 목격하게 됨을 의아해 하며 관심을 갖는 것처럼 무가내하의 일, 필연적인 일이 다른 데 무엇이 있습니까? 살려는 자가 사멸에 이르는 것처럼 큰 모순과 배리背理(이치에 맞지 않음)가 세상에 또 있습니까? 이것이 과연 성자의 교훈이 엄연함에도 불구하고 전 인류가 때의 고금을 막론하고 현우賢愚의 차이 없이 알고자 원하는 최대 문제인 까닭입니다.

문제 중의 문제이기 때문에 인류의 역사만큼 그 긍정 부정의 논쟁도 많았거니와 우리는 지금 성서 중에서 그 부정론의 예봉銳鋒(날카로운 논조나 표현)을 예로 나열할진대 마가복음 12장 18절 이하의 사두개인들의 변증을 볼 수 있습니다. 저들은 예수를 붙잡고 묻기를 시작합니다.

"선생님이여, 모세가 글로써 우리에게 보였으되 어떤 사람의 형이 죽고 아내는 있으되 자식이 없거든 그 동생이 그 아내를 취하여 형을 위하여 후사를 세울지니라 하였나이다. 7형제가 있었는데 맏이 아내를 취하였다가 자식이 없이 죽고, 둘째가 그 여자를 취하였다가 또 자식 없이 죽고, 셋째가 또한 그렇게 하여 일곱이 다 자식이 없었고,

그 후에 여인이 또한 죽었나이다. 일곱 사람이 다 그를 아내로 취하였으니 부활할 때에 그중에 누구의 아내가 되리이까?"

사두개인들의 변증은 과연 주도周到(빈틈없음)하였습니다. 만일 영계靈界의 사실을 친히 목도하지 못한 자일진대 어떠한 대 교사일지라도 이에 대하여 반구半句(간단한 말)의 해답도 가능하지 않을 뻔하였습니다.

그러나 사두개인들은 당시뿐만 아니라 현대에도 다재多在합니다. 과연 현대일수록 많은가 봅니다. 지금 사두개인과 동형同型의 정신을 가지고 근세적 과학 지식으로써 2천 년 후에 다시 그 난문難問을 반복하는 모 이학박사의 생물학 강화를 경청하여 봅시다. [이하 역문譯文]

인류까지 모든 생물의 반열 중에 넣고 생각하여 보면 인류는 척추동물 중의, 수류獸類(짐승의 무리) 중의, 원류猿類(원숭이 류) 중의 성성류猩猩類(오랑우탄 종류)와 동류에 속한 것은 명백한 것이므로 신체를 떠난 혼이란 것이 인류에게 있다 하면 원류에게도 있다고 생각하여야 할 것이며, 원숭이에게 혼이 있다면 개에게도 있다고 보아야 할 것이다. 이와 같이 비교 추리하면 어떤 유類까지는 영혼이 있고 어떤 유 이하에는 영혼이 없는지 도저히 그 경계를 정하지 못할 것이다. 가령 하등동물까지 영혼이 있다고 하면 이들 동물이 인류와는 전연 다른 방법으로 새끼를 낳고 죽어 갈 때에 영혼은 어느 때에 신체에 들어오며 어느 때에 신체에서 나가는지를 생각하여 보면 참말 우습도다. 기건착磯巾着(말미잘과 같은 다세포 동물)이 분열하여 2필疋³이 되는 경우처럼 영혼도 분열하여 두 개가 되어 양쪽으로 가는가? 그렇지 않으면 지금까지 우주에 부유하던 숙소 없는 혼이 새로이 한쪽에 들어올까? 만약 그렇다면 전부터 있던 혼과 새로 온 혼과 어떻게 하여 각기 받아 가질 몸을 정할까 하는 등 얼마든지 수수께끼가 생기는 것이다.

또 인류에게만 한하여 생각하여 볼지라도 난세포의 수정으로부터 엽실기葉實期, 위상기胃狀期⁴를 지나서 신체 각부가 점점 발육하여 종결終結한 성인이 될 때까지를 한 폭에 대관大觀(전체를 살핌)한다 할진대 과연 언제 처음으로 영혼이 출현되었는가 물으면 역시 대답이 궁하도다. 신체를 떠난 개체의 혼이 영구히 불멸이라면 오늘까지 사자死者의 혼이 모두 어느 곳에든지 존재할 터이니 그 수는 얼마인지 모를 것이며 그들은 어느 때에 출생한 것인가. 나중을 불멸이라 상상하면 시초도 무한이라 상상하여야 의당하리라. 가령 무시무종無始無終으로 영구히 존재하는 것이라 하면 그것이 신체에 이승移乘(옮김)치 않기 전에는 무엇하고 있었는가? 운운云云.

---

3. 원래는 말이나 소를 세는 단위이지만, 여기서는 말미잘의 세포분열을 뜻함.
4. '엽실기'나 '위상기'라는 말은 존재하지 않는 용어로 저자 김교신이 만들어 낸 말로 볼 수 있다. '엽실기'는 수정 이후 생명체가 세포분열을 반복하면서 많은 수의 뽕나무 열매와 같은 상실배桑實胚를 만들어 내는 시기, '위상기'는 신체 주요 기관과 조직이 형성·분화되며 사람다운 형체를 갖추는 시기 정도를 의미한다고 볼 수 있다.

양자兩者 간에 2천 년의 시일이 상거相距하였으나 그 논지의 조리 정연함과 변자辯者(논하는 자)를 설복시키지 않고는 마지않으려는 급박急迫하는 태도는 신기하리만큼 일치함이 있습니다. 과연 저들의 논의는 논리 정밀하여 근대의 과학적 교양을 받은 우리들을 일거에 부저腑底(마음속 깊이)에 납득 찬동시키려 함도 무리의 사세事勢(일이 되어 가는 형세)가 아닙니다. 저들이 2천 년 전에 나서는 율법과 사기史記에 통달함으로써 시장과 회석會席에서 중인衆人의 경의敬意를 감수하였고, 저들이 현대에 출현하여서는 30세 내외에 학위를 획점하여 그 두뇌의 명석을 내외에 자랑하는 당대의 수재들입니다.

그러나 "하늘에서 왔으니 하늘 일을 아시는"[요 3:11, 31] 이는 이와 같은 고금의 사두개인들에게 여전히 대답하십니다.

"예수께서 가라사대 너희가 성경과 하나님의 권능도 알지 못하므로 이렇게 그릇 생각함이 아니냐? 대개 사람이 죽었다가 다시 살아날 때에는 장가도 아니 가고 시집도 아니 감이 하늘에 있는 천사들과 같으니라. 오직 죽은 자가 다시 살아남을 논의할진대 너희가 모세의 책 중 형극荊棘편에서[5] 하나님께서 모세에게 말씀하신 것을 읽지 아니하였느냐? 가라사대 나는 아브라함의 하나님이요, 이삭의 하나님이요, 야곱의 하나님이노라 하였으니, 하나님은 죽은 자의 하나님이 아니

---

5. 출애굽기 3장 호렙산에서 가시떨기나무 가운데 나타나신 하나님과 모세의 대화.

요 산 자의 하나님이시니 너희가 그릇 생각함이 크도다"[막 12:24-27].

과연 저들은 알지 못합니다. 문제의 요점은 논리의 주밀周密함에 있지 않고 추리의 교묘함에도 있지 아니합니다. 오직 사실을 친히 목격하신 자[요 1:18]만이 최후의 권위를 가지시는 것입니다. 현미경에 나타나 보이지 않고 망원경에 걸리지 않으니 신이 없다고 단언하는 종류의 과학자들에게 어찌 전지자의 연민이 없겠습니까.

그러므로 주 예수의 자취를 좇아 충실히 순종하는 현대의 사도 선다싱은 런던을 여행하였을 때에 당시 영국의 현학 대가 등의 질문에 대답한 바가 있었습니다.

"종교라고 특별히 소수의 천재에게 한한 것이 아니라 지금 만일 한 생물학자 일인이 있어서 한 대가를 이루려고 한다면 유시幼時부터 특별한 흥미와 수십 년 동안 끊임없는 실험과 연구를 거치고야 되는 것과 같이 신앙 문제에도 상당한 시일과 노력을 들이고야 됩니다. 또 지금 생물학 대가가 있어서 종교적 체험을 불해不解 혹은 부인한다 할지라도 두려울 것이 없으니 이는 마치 한 번도 현미경 하에 세포를 규시窺視(엿봄)한 일이 없는 소아小兒(어린아이)가 생물학자의 학설을 부인하려고 시도함과 동일합니다."

제1호(1927. 7.)

지질학상으로 본 하나님의 창조

 근대 과학이 발달함에 따라 사람마다 자기의 과학 지식에 대한 정확 정도와 총량을 반성하여 볼 겨를도 없이, 또한 성서의 창조설에 경청하여 보려는 인내와 용기도 없이 그저 막연히 과학은 신진新眞(새롭고 참된)한 것이고 성서— 특히 모세의 창조설—는 구폐舊弊(오래되고 버려야 할)한 것이라고 확신하게 되었습니다.

 그러므로 1851년[1]에 다윈의 《종의 기원 The Origin of Species》이 발간된 이래로 이를 신창세기[New Genesis]라 하여 찬양을 마지아니한 사람은 홀로 헉슬리[2] 한 사람뿐이 아니었습니다. 근일에 지질학이 과

---

1. 다윈의 《종의 기원》은 1859년에 발간되었다. 김교신의 표기상의 오류로 보인다.

학계열의 일각에 새롭게 대두함에 성서의 기록한바 '신의 창조', '6일 간 완성', 인류 발생의 연대, 기타 중요한 문제에 걸치어 일일이 지질학설과는 상용相容(서로 용납함)치 못할 것인 줄로 유포하는 학자가 적지 않으므로 자연과학의 문門에 추종하면서 동시에 성서에 신종信從하는 것은 과학적 양심의 존부存否문제에까지 이르려 하는 현대 및 현대인입니다. 우리는 그 천박을 소쇄笑殺(문제 삼지 않고 그저 허허 웃어 넘김)하기보다 우선 고생물학의 태두인 퀴비에[3] 씨의 직언에 경청합시다.

"모세는 애굽인의 모든 지혜로써 교육을 받고 그 연세가 장성한 후에 우리들에게 변화부절變化不絶(변화가 끊임없음)하는 천지 개벽론을 깨우쳐 주었다. 근래의 지질학적 연구는 생물이 연속적으로 창조된 그 순서에 관하여 창세기 기사와 완전한 일치에 달하였다."

10년간 망원경을 모든 천체에 향하고 탐색하였으나 신을 발견치 못하였다고 호언豪言하는 천문학자가 있는 동시에, 천문학자로서 신이 없다고 말하는 자는 광인狂人이라고 단언한 현학衒學(학문을 선전함)이 있음은 비사譬辭(비유해서 하는 말)가 아니고 사실입니다. 보는 자가 다 보는 것이 아니요, 듣는 자가 다 깨닫는 것이 아닙니다.

---

2. Julian Sorell Huxley, 1887-1975. 영국의 생물학자로, 진화론에서는 정통 이론의 중심인물 가운데 한 사람이다.
3. Georges Cuvier, 1769-1832. 프랑스의 동물학자로 동물계의 분류표를 만들었으며, 비교해부학과 고생물학을 창시하였다. 진화론을 부정하고 천변지이설天變地異說을 주장하여 종種은 변하지 않음을 주장하였다.

이 글은 원래 창세기 1장의 성서적 연구가 아니므로 영적으로 농후濃厚치 못함과 성서의 불비不備(제대로 갖추어져 있지 않음)를 조소하는 과학적 우주개벽설 혹은 지구형성론, 특히 다수인이 신수信受(믿고 받아들임)하는 라플라스[4]의 설[The Theory of Laplace]에 대한 난점과 결함의 지적은 여기에 생략하고, 다만 창세기 제1장 연구의 입문으로 필요한 문제 몇 건과 지질학과의 비교 해석을 시도하고자 합니다.

1. 성서에 의하면 신의 창조는 6일간에 완결되었다고 합니다. 즉,

제1일에 천지의 창조와 광명 암흑의 분리

제2일에 수계水界와 대기의 분리

제3일에 대양과 대륙의 분리 및 식물의 발생이 있어 창조의 전반과정을 마치고

제4일에 일월성신의 출현

제5일에 어류와 조류의 출현

제6일에 가축, 곤충, 수류獸類의 출현이 있고서

나중으로 창조의 목적인 인류의 창조로써 대업을 마치게 됩니다.

이에 창세기는 '일日'이라는 시간의 단위를 말하여 천지의 형성으로부터 인류의 발생까지 근근僅僅(간신히) 6일간에 마쳤다고 말하나,

---

4. Pierre Simon de Laplace, 1749-1827. 프랑스의 천문학자이자 수학자. 1773년 수리론을 태양계의 천체운동에 적용하여 태양계의 안정성을 발표하였다.

지질학에서 층서層序(지층이 쌓인 순서)와 화석으로 구분하여 시생대始生代, 원생대原生代, 고생대古生代, 중생대中生代, 신생대新生代 등으로 계산하는 각기 일생대一生代 기간은 적어도 수십만 년씩은 되리라 하니 이것이 양자가 상위相違(서로 다른)하는 중요점의 하나입니다.

2. 모세에 의하면 식물이 발현된 후에 동물적 생물이 출현되었다 하나 지질학상으로 탐색한 결과는 식물 화석을 보장保藏한 최고最古 지층 중에 동물화석, 갑각동물, 산호 등이 병존하여 사실과 위반됨을 증명한다 하니 이것이 창세기의 위신威信(위엄과 신용)에 관한 제2의 중요 난점입니다.

그러나 우리가 모세의 기사를 읽을 때에 주의하여야 할 것은 창세기는 학생이 교실에서 필기하거나 기자가 의장議場(회의하는 장소)에서 속기한 것처럼 하여 된 것이 아닌 것을 알아야 합니다.

묵시 혹은 계시는 일언일구一言一句씩을 청취한다기보다는 환영을 통하여 한 폭의 회화를 직관함과 방불하니 모세의 6일 창조기는 6막물六幕物(6막으로 된)의 연극을 보고 기록한 것인 줄로 보면 해석에 대단히 도움이 될 것입니다. 그리고 지질학의 탐구한 바에 의하여 그 일생대로부터 일생대로 변하는 때의 천동지변天動地變의 대 조화의 경이를 실감하여 보니 한무리아기寒武利亞紀[5]로부터 이첩기二疊紀[6]까지 고열 다습한 고생대 독특한 장면에서 서식하던 거생물居生物들이 삼첩기三疊紀[7]의 장면으로 일전一轉(상황이 아주 변함)함에 거의 모두 그 자취를 소실하고 비교적 평온하였던 중생대 특유의 역자役者(주역)가 등단登壇하게 되니, 현대에 우리가 목격하는 여러 생물의 선조가 되는 집합적 동물[Collective Type]은 이 생대에 전성을 극極하였다가 백아기白亞紀[8]의 종말에 임하여 지구의 표면이 일신一新(아주 새로워짐)하는 때, 즉 일본해와 황해, 지중해 등이 함락하고 히말라야산, 알프스산 등 세계의 거악巨嶽(거대한 산)이 용립聳立하게 되고, 태평양 주위의 화산, 온천이 염부鹽釜(바닷물을 끓여 소금을 만들 때 쓰는 큰 가마)보다도 더 자주 토연吐煙(연기를 내뿜음)할 때에 일본이 섬나라가 되고 인도가 아시아에 속하게 될 뿐만 아니라, 그 위에 등장하는 생물도 일신하여 구생대의 것은 거의 자취를 끊고 신장면新場面에 적응할 만한 신종품으로 정용正容(용모를 바로잡음)을 차리고, 다시 제3기 말 혹은 제4기 초에 이르러 비로소 인류의 출현을 보았으니 이 최후의 창조도 나이아가라 폭포 생성[약 36,000년 전]보다도 4, 5배 고대의 사실입니다. 지금 이 일변천一變遷, 일조화一造化를 신생대로써 중생대에, 고생대로써 원생대에 추고推古(옛 사적을 미루어 생각함)하여 보십시오. 모세가 일생대의 연수가

---

5. 지질시대의 시대 구분에서 고생대 최초 기인 캄브리아기Cambrian Period를 말함. 절대 연도로는 지금부터 약 6억 년 전에서 5억 년 전까지의 기간으로, 영국의 지질학자 세지윅A. Sedgwick에 의해 제창되었다.
6. 고생대 6기 중 마지막 페름기Permian Period를 말함.
7. 중생대를 셋으로 나눈 것 중 첫 번째 기간을 지칭하며 보통 트라이아스기Triassic Period라고 함.
8. 중생대를 셋으로 나눈 것 중 마지막 백악기를 말하며 크리테이셔스기Cretaceous Period라고 함.

비록 수십만 년씩이었다 할지라도 그 일기간에 현시現示되는 한 폭의 그림, 연출되는 일장의 극을 '1일'이라는 시간의 용어로 표시했다 한들 계시[Revelation]란 무엇임을 짐작하는 자에게 24시간이란 개념이 하등의 장해가 되겠습니까?

식물과 동물의 출현 순서에 대하여서도 세밀히 보는 때에 창세기와 지질학과의 모순이 있음을 부인하는 것은 아니나, 지질학상으로라도 대체를 관찰하는 때에 생물 발현에 3대 시기[Three Great Epoch]가 있었음을 시인치 않을 수 없으니 제1은 석탄기의 식물 전성기, 제2는 양서류의 전성기, 제3에 포유동물의 발생에 이르렀으니, 대체의 광경으로 보아서 식물이 동물적 생물보다 앞서서 전성소盛을 향락하였다 함은 오히려 지질학이 쾌락快諾(쾌히 승낙)하는 바입니다.

3. 창세기 1장 2절에 지구가 생성되어서부터 물로 포위되어 있었다고 합니다. 이는 과학의 증명과 꼭 일치하는 바니 지구 표면을 가리고 있는 수성암水成岩의 층서는 모두 물의 작용으로 침전매적沈澱埋積(액체 중에 있는 미세한 고체가 가라앉아 쌓여 묻이 됨)한 결과이므로 당초에는 지구의 표면이 수면으로만 보였을 것이요,

4. 동同 3절에 "하나님이 가라사대 빛이 있으라 하시니 곧 빛이 있거늘" 하여 제1일부터 빛이 있었다 하였으나, 태양과 달, 별의 창조는

제4일에 있었으므로 고래古來에 지자智者로 자임하는 학자들이 '태양이 출현하기 전에 빛이 어찌 있었으랴?' 하고 모세의 우愚(어리석음)를 조롱하던 근거의 한 절이었으나, 근래의 과학적 연구는 점점 가경佳境에 들어가 태양과 하등의 관련이 없이 전연全然 독립적으로 빛이 존재할 수 있음을 입증할 뿐더러 금일今日의 극광極光[Aurora]의 이치와 같이 상반되는 양전기兩電氣의 작용으로 새벽, 낮, 밤의 구별이 있을 것을 과학자 편에서 과학자를 반박하여 '모세가 어찌 그 시대에 벌써 그 이치를 알았을까' 시의猜疑(시기하고 의심함)할 뿐입니다.

5. 동 9절에 "하나님이 또 가라사대 천하의 모든 물이 한곳으로 모이고 마른 흙이 드러나라 하시니 이같이 된지라" 하였는데, 근세 과학으로 가장 명백히 발명한 사실의 하나는 대륙이 본래 대양의 심저深底(깊은 바닥)에 침재浸在하였었는데 점차 융기하여 금일과 같이 현출顯出(두드러지게 드러남)된 것이라는 대 수확일 것입니다.

6. 동 11, 12절에 식물의 대 번식을 기록하였는데, 그 시기는 대륙이 대양에서 융기하여 출현된 처음이었고 또한 태양이 출현되기 전의 일이었습니다. 근세 과학과 모순되는 것이 있는 듯하나 석탄기층이 웅변雄辯으로 증명하는 것은 식물적 생물이 동물적 생물에 우선하여 전성을 극極하였다는 사실과, 따라서 태양 광선보다도 더 일층 다

량으로 식물 생명이 요구하는 성분을 포함한 광선이 천지창조의 당초에 존재하였다는 사실입니다. 그리고 모세는 기원전 15세기의 사람이고 우리는 기원후 20세기의 사람들입니다.

7. 창조 제4일에 일월성신의 출현이 있었다고 기록하였는데 카를 뮐러Karl Muller와 같은 이는 순전한 과학자의 입장으로서 석탄기 종말에 태양 광선이 침입 영향하였음을 증명하니, 즉 태양계 자신으로 보아서는 태양과 지구 및 기타 혹성, 위성 등의 관계가 처음으로 정당한 위치에 고정된 시기라 할 것이며, 한편으로는 한층 우수한 생물의 번영을 위한 대능자大能者의 준비로 볼 수 있을 것입니다.

8. 창조 제5일에 동물적 생물의 대 발현을 기록하였습니다. 전에 고생대 중에 식물의 대 번식이 있어 석탄기를 이루어 금일今日 우리들에까지 목도하게 함과 같이 중생대의 삼첩기, 주라기珠羅紀[9], 백아기에 이르러서는 동물의 유해遺骸가 풍부하여 후인後人으로써 창조의 순서를 창세기의 지질학과 대조 병독竝讀(동시에 함께 읽음)하게 하며, 모세의 기록에 의하면 해어류海魚類와 양서류가 육상 수류獸類보다 먼저 출현되었고 어류와 조류는 거의 동시대에 출현하였다 하는데,

---

9. 중생대를 세 시기로 나눌 때, 두 번째인 쥐라기Jurassic Period를 말함.

이 역시 지층이 이서裏書(입증)하는 바니 도대체 모세는 어느 대학에서 수학修學하였던가!

9. 창조의 최종일에 이르러 가축과 곤충류와 수류獸類 일반의 출현이 있었습니다. 지질학의 결론에 따르면 이들 3종류의 동물은 중생대를 경과한 후 제3기층[Tertiary Formation] 초에 처음으로 나타났다 하니 즉 일반 육상동물과 포유동물류는 이때부터 이 지구 위에 서식하게 된 것입니다.

10. 육축류를 창조한 후에 인류의 출현으로써 위대한 창조의 업은 그 종결을 보게 되었습니다. 만물의 영장이라 말하는 인류가 육축과 곤충류보다도 나중에 창조되었다 하여 마치 순위가 전도나 된 듯이 생각하게 되지만, 이는 비단 성서뿐 아니라 근대 과학도 동양同樣(같은 형태)으로 표시하는 바입니다. 제3기까지도 인류는 출현되지 못하였다가 제3기의 종말 혹은 제4기의 초두에서야 비로소 지구의 표면에 서게 되었습니다.

11. 근대 과학의 교양을 가진 자로 누구나 없이 냉소를 금치 못하는 성서 기사 중의 하나는 인류의 선조가 아담, 하와의 일부배一夫配(한 사내와 한 여자)로부터 시작된 것이라는 독단일 것입니다. 그러므로

오래 전부터 과학자는 혹은 해부학상으로 혹은 생리학상으로 여러 방면으로서 '인류의 단일성'이라는 독단을 향하여 공격의 화살을 보내어 왔습니다. 도저히 전 인류가 일부배에게서 나올 수 없는 것이라고 강론하였습니다. 그러나 그 동일한 과학자의 후예가 지금에 이르러서는 전 인류가 일개 세포에서 발생한 것을 역설하며, 뿐만 아니라 전 동물계와 전 식물계가 모두 전 인류와 공히 일개 유기적 세포, 유기적 생명의 근원으로부터 발생하였다 함을 변증하게 되었습니다. 변전變轉(이리저리 자꾸 달라짐)이 또한 크지 않습니까?

12. 창세기 1장을 읽으면서 여러 종류와 여러 형태의 생명이 출현하는 것에 주의할 때는 누구든지 하나님의 명령이 연쇄적으로 중발重發 되었음에 놀랄 것입니다. "하나님이 가라사대 ……이 있을지어다" 하였고, 그와 동시에 자연적 재료를 항상 빠뜨리지 않고 "물에다 산출케 하라……", "땅에다 살게 하라" 하여 과학으로 불가해의 난제인 '종의 불변[Permanence of Species]'에 대하여 확언으로 재단을 내리었습니다. 금일今日 과학의 사명은 모세의 제언한 바를 탐색하여 "생명은 생명으로써만 산출함"이라는 것과 "생명으로써 생명을 낳는 능력은 다른 제2원인이 지배한다"는 두 가지 진리의 조화에 있다 함도 유래가 없는 바 아닙니다. 하나님이 명령하고 방편으로 물에게 혹은 땅으로 협조케 하니, 이에 능력과 재료와의 사이에 생명 성장의 신비한

사실이 현현顯現되었습니다.

13. 창세기 기자는 제7일 만에 신의 안식일을 명언明言하였습니다. 즉 제7일에 이르러서는 신의 창조적 능력이 완전히 중지되었다 합니다. 한편으로 지질학은 인류의 현출現出 이래로 모든 신종新種[New Species]의 중지中止를 사실에 근거하여 증명합니다. 인류의 출현으로써 완결을 지은 후 대 안식에 들어간 신의 창조의 경륜經綸에 어찌 우연을 허許하겠습니까? 이에 모든 자연은 다시 신종의 출생을 필요로 하지 않고 창조의 목적물인 전 인류는 안식 시대에 거하여 순전히 도덕적 수련에 힘쓰며 조물주를 찾아, 그의 품을 향하여, 귀향의 달음질을 시작할 것입니다.

생명의 저편에 능력의 활동이 있고 자연의 방편方便이 이를 보조하여 생명이 출현, 성장할 때에 거기에 순서[Process]가 있고 '시작'이 있은 후에 대 안식일의 '결말'을 보았습니다. 지질학 및 기타 과학이 비록 완전하지 못하다고 말하나, 모세의 받은 바 계시를 이해함에 도움이 되도록 접근하여 오는 사실은 인류를 위하여 즐거워할 바인 줄 알 뿐입니다.

제4호(1928. 4.)

3. 신앙과 민족

韓國基督敎指導者講壇說敎

〈성서조선〉 창간사

하루아침에 명성이 세상에 자자함을 깨어서 본 바이런[1]은 행복스러운 자였으나, 하루저녁에 '아무래도 조선인이로구나!' 하고 연락선 갑판을 발 구른 자는 둔한 자였습니다.

저는 학창學窓에 있어 학욕學慾에 탐취貪醉(깊이 빠짐)하였을 때에 종종 자긍하였습니다. '학문엔 국경이 없다'고. 장엄한 회당 내에서 열화와 같은 설교를 경청할 때에 저는 감사하기가 비일비재였습니다. '사해四海가 형제 동포'라고 단순히 신수信受하고. 에도江戶[2] 성의 내외內外에 양심에 충忠하고 나라를 사랑함에 절실한 소수자가 제2국민

---
1. Baron Byron, 1788-1824. 영국의 낭만파 시인.
2. 일본 도쿄의 옛 이름.

의 훈도薰陶(교화하고 훈육하는 것)에 망식몰두忘食沒頭(먹는 것도 잊고 어떤 일에 오로지 파묻힘)함을 목도할 때에 저의 계획은 원대遠大에 이르려 함이 있었습니다. '옳은 일을 하는 데야 누가 시비하랴?'고. 과연 학적學的 야심에는 국경이 보이지 않았습니다. 애적愛的 충동에는 사해가 흉중胸中(마음 속)의 것이었습니다. 이상理想의 수현遂現(이루어 나타냄)에 이르러서는 전도前途가 다만 양양洋洋(앞길에 발전할 여지가 매우 많음)할 뿐이었습니다. 때에 들리는 일성一聲(하나의 소리)은 무엇이었을까요? '아무리 뭐라 해도 너는 조선인이다!'

아! 어찌 이보다 더 무량無量(한량없음)의 의미를 우리에게 전하는 구절이 또 있겠습니까. 이를 풀이하면 만사휴萬事休[3]요, 이를 풀이하면 만사성萬事成(모든 일이 다 이루어짐)입니다. 이에 시선은 초점에 합함을 얻었고 대상은 하나임이 명확하여집니다. 우리는 감히 조선을 사랑한다고 큰소리 치지 못하나 조선과 자아와의 관계에 대하여 겨우 '무엇'을 지득知得(알게 됨)함이 있는 줄 믿습니다. 그 지만遲慢(더디고 늦음)함이야 어찌 인소人笑(사람들의 웃음)를 기다리겠습니까.

그러나 자아를 위하여 무엇을 행하고 조선을 위하여 무엇을 꾀하겠습니까? 오직 비분개세悲憤慨世(슬프고 분하게 세상일을 염려하며 탄식함)만이 능사입니까? 근일近日 우리 형제들 사이에 그 평소의 사상이 상

---

3. 만 가지 일이 끝장이라는 뜻으로, 모든 일이 전혀 가망 없는 절망과 체념의 상태임을 이르는 말. 출전은 《송사宋史》 형남고씨세가荊南高氏世家.

반되고 경일頃日(지난번)의 취향이 각각 다름에도 불구하고 각기 자아를 굽히고 동일의 표적을 향하려는 경향이 보임은 우리가 공하共賀(함께 축하함)할 바이거니와 이는 실로 친거親去(부모님이 돌아가심) 후에 효성이 동함과 일리一理(한가지 이치)이니 우리 불효자인들 어찌 그 예에서 빠지겠습니까. 경우境遇(형편이나 사정)는 기적을 행하는가 봅니다.

다만 동일한 최애最愛(가장 사랑함)에 대하여서도 그 표시의 양식이 각이各異(각각 다름)함은 부득이한 형세입니다. 우리는 다소의 경험과 확신으로써 금일今日의 조선에 줄 바 최진최절最珍最切(가장 귀하고 가장 간절함)의 선물은 신기하지도 않은 구·신약 성서 한 권이 있는 줄 알 뿐입니다.

그러므로 걱정을 같이하고 소망을 일궤一軌(같은 길을 밟음)에 부치는 우자愚者(어리석은 자) 5,6인이 도쿄 시외 스기나미촌杉竝村에 처음으로 회합하여 '조선성서연구회'를 시작하고, 매주 때를 기하여 조선을 생각하고 성서를 연구하면서 지내 온 지 반세 여半歲餘(반 년여)에 혹자가 의견을 내어 어간於間의 소원, 연구의 일단一端을 세상에 공개하려 하니 그 이름을 〈성서조선〉이라 하게 되었습니다. 명명命名의 우열과 시기의 적부適否(적당함과 부적당함)는 우리가 불문不問하는 바입니다. 다만 우리 염두의 전폭全幅(일정한 범위 전체)을 차지하는 것은 '조선'이라는 두 자이고 애인에게 보낼 최진最珍의 선물은 성서 한 권뿐이니 양자兩者 중의 하나를 버리지 못하여 된 것이 그 이름이었습니다. 기원하기는 이를 통하여 열애의 순정을 전하고 지성의 선물을 그녀에게 드리고자 함입니다.

〈성서조선〉아, 너는 우선 이스라엘 집집(모든 집)으로 가라. 소위 기성 신자의 손을 거치지 말라. 기독基督보다 외인外人을 예배하고 성서보다 회당을 중시하는 자의 집에는 그 발의 먼지를 털지어다.

〈성서조선〉아, 너는 소위 기독 신자보다도 조선 혼魂을 소지한 조선 사람에게 가라. 시골로 가라. 산촌으로 가라. 거기에 초부樵夫(나무꾼) 1인을 위로함으로 너의 사명을 삼으라.

〈성서조선〉아, 네가 만일 그처럼 인내력을 가졌거든 너의 창간일자 이후에 출생하는 조선인을 기다려 면담하라. 상론相論(서론 의논함)하라. 동지同志를 1세기 후에 기약한들 무엇을 탄식하겠는가.

제1호(1927. 7.)

〈성서조선〉의 해解

성서와 조선

고인古人도 서중書中에 천 종鍾[1] 속粟[2]이 스스로 있다 하여 양전미답良田美畓(좋은 밭과 논)보다도 서적이 고귀한 소이所以를 도파道破(끝까지 다 말함)하였거니와, 서적이 귀한 것일진대 책 중의 책인 성서가 가장 고귀한 서책書册입니다.

이는 우리의 편견이 아니라 성서 자신이 증명하는 바요, 세계 역사가 이서裏書하는 바입니다. 인도의 심라[3]는 피서避暑의 극락이요, 이

---
1. 곡식 따위를 세는 양量의 한 단위.
2. 벼 등의 곡식을 일컬음.
3. Simla. 인도 북부 펀자브 주의 도시. 영국 통치 시대에 하기夏期 인도 정부가 있었던 곳이다.

태리(이탈리아)의 리비에라[4] 지방은 피한避寒(추위를 피함)의 낙원이라 하나 사시四時, 100년, 일하며 먹고 살아가는 데야 조선보다 더 좋은 곳이 지구 위에 다시 있겠습니까. 비록 백두산이 없었다 하고 금강산이 생기지 않았다 하여도 그래도 조선은 다시없는 조선이라고 생각하니 이는 물론 우리의 주관主觀입니다. 세상에 제일 좋은 것은 성서와 조선입니다. 그러므로 성서와 조선!

성서를 조선에

사랑하는 자에게 주고 싶은 것은 한두 가지에 그치지 않습니다. 하늘의 별이라도 따 주고 싶으나 인력에는 스스로 한계가 있습니다. 혹자는 음악을 조선에 주며, 혹자는 문학을 주며, 혹자는 예술을 주어 조선에 꽃을 피우며, 옷을 입히며, 관을 씌울 것이나, 오직 우리는 조선에 성서를 주어 그 골근骨筋(뼈와 근육)을 세우며, 그 혈액을 만들고자 합니다. 같은 기독교로서도 혹자는 기도 생활의 법열法悅(참된 이치를 깨달았을 때 느끼는 기쁨)의 경지를 주창하며, 혹자는 영적 체험의 신비 세계를 역설하며, 혹자는 신학 지식의 조직적 체계를 애지중지하나 우리는 오직 성서를 배워 성서를 조선에 주고자 합니다. 더 좋은 것을 조선에 주려는 이는 주십시오. 우리는 다만 성서를 주고자 미력微

---

4. Riviera. 지중해의 리구리아 해에 면한 이탈리아령 라 스페치아부터 프랑스령 칸까지의 해안.

力(적은 힘)을 다하는 자입니다. 그러므로 성서를 조선에.

조선을 성서 위에

과학 지식적 토대 위에 신新 조선을 건설하려는 과학 조선의 운동이 시대에 적절하지 않음이 아니요, 인구의 8할 이상을 점한 농민으로 하여금 정말丁抹(덴마크)식 농업 조선을 중흥하려는 기도企圖가 시의時宜에 합하지 않는 바가 아니며, 기타 신흥 도시를 위주로 한 상공업 조선이나 사조思潮에 파도치는 공산 조선 등등이 다 그 진심, 성의로만 나온 것일진대 해로울 것도 없겠지만 이를테면 이런 것들은 모두 풀의 꽃과 같고, 아침 이슬과 같아서 금일今日 있었으나 명일明日에는 그 자취도 찾아볼 수 없을 것이며, 사상砂上(모래 위)의 건축이라 풍우風雨를 당하여 파괴됨이 심하지 않을 수 없을 것입니다. 그러므로 이러한 구형적具形的 조선 밑에 영구한 기반을 넣어야 할 것이니, 그 지하의 기초공사가 즉 성서적 진리를 이 백성에게 소유시키는 일입니다. 널리 깊게 조선을 연구하여 영원한 새로운 조선을 성서 위에 세우십시오. 그러므로 조선을 성서 위에.

성서와 조선— 성서를 조선에—조선을 성서 위에. 이것이 우리의 〈성서조선〉입니다. 혹시 만국성서연구회萬國聖書研究會[5]라든가 또는 대영성서공회大英聖書公會[6] 등과 〈성서조선〉과의 관계를 문의하는 이가 있으나 이런 것과는 하등 상관이 없습니다. 〈성서조선〉은 단지 그 주필의 전순 책임으로 경영하는 것이요, 조선을 성서화하기에 찬동하는 소수의 우인友人들이 협력하는 것뿐입니다. 무슨 교파나 단체나 외국 금전金錢의 관계는 전연 없습니다.

제75호(1935. 4.)

---

5. International Bible Students Association. 1872년 미국 펜실베이니아 주의 알레기니시(현 피츠버그시의 일부)의 찰스 테이즈 러셀Charles Taze Russell에 의해 설립되었고, 1931년 러셀의 후임자 조셉 프랭클린 러더포드Joseph Franklin Rutherford에 이르러 '여호와의 증인'이라는 명칭을 쓰기 시작했다. 한국에는 1912년에 홀리스트 선교사 부부가 내한하면서 시작되었는데, 이들은 1914년 만국성서연구회라는 단체를 조직하여 본격적인 문서전도를 개시하였다. 일제 말기 신사참배의 거부로 교세가 쇠퇴하였다가 해방 후 1948년에 재건되었고, 1949년 미국인 선교사 스틸 부부가 내한하면서 다시 본격화되었다.
6. 1804년 런던에서 설립된 영국성서공회British and Foreign Bible Society를 기원으로 한다. 1814년에 네덜란드성서공회, 1815년에 미국성서공회, 1821년에 러시아성서공회가 세워졌으며 한국에는 1895년 대영성서공회 조선지부가 설립된 뒤 1896년 5월 공식 인가를 얻었다. 1941년 조선성서공회가 설립되었고, 해방 후 대한성서공회라는 이름으로 오늘에 이르고 있다.

조와弔蛙[1]

작년 늦은 가을 이래로 새로운 기도터가 생겼습니다. 층암層巖(여러 층을 이룬 바위)이 병풍처럼 둘러싸고 가느다란 폭포 밑에 작은 담潭(못, 물이 괸 깊은 곳)을 형성한 곳에 평탄한 반석 하나 담 속에 솟아나서 한 사람이 꿇어앉아서 기도하기에는 천성天成(하늘이 이루어 놓음)의 성전聖殿입니다.

이 반상盤上(반석 위)에서 혹은 가늘게 혹은 크게 기구祈求(바라고 구함)하며 또한 찬송하고 보면 전후좌우로 엉기 엉기 기어오는 것은 담 속

---

1. 1942년 3월호(제158호) 권두언에 실린 글. 〈성서조선〉 폐간에 직접적인 원인이 되었으며, 일명 '성서조선사건'이라고 불린다. 총독부 당국은 이 글에서 조선인을 개구리에, 일본의 조선 지배 정책을 혹한에 비유하여 고난을 넘어서서 민족의 부활이 오는 날을 묵시적으로 서술했다는 명목으로 김교신을 비롯하여 함석헌, 송두용 등 13명을 투옥하였고, 독자 400여 명까지도 관헌의 취조를 받았다.

에서 암색岩色(바위 색깔)에 적응하여 보호색을 이룬 개구리들입니다. 산중에 대변사大變事(중대하고 커다란 변고)나 생겼다는 표정으로 신래新來(새로 옴)의 객客에 접근하는 친구 와군蛙君들. 때로는 5-6마리, 때로는 7-8마리.

늦은 가을도 지나서 담상潭上에 엷은 얼음이 붙기 시작함에 따라서 와군들의 기동起動(움직임)이 일부일日復日(날을 거듭함) 완만하여지다가, 내종乃終에 두꺼운 얼음이 투명透明을 가리운 후로는 기도와 찬송의 음파가 저들의 이막耳膜(고막)에 닿는지 안 닿는지 알 길이 없었습니다. 이렇게 격조隔阻(오랫동안 서로 소식이 막힘)하기 무릇 수개월여!

봄비 쏟아지던 날 새벽, 이 바위틈의 빙괴氷塊(얼음덩어리)도 드디어 풀리는 날이 왔습니다. 오래간만에 친구 와군들의 안부를 살피고자 담 속을 구부려 찾았더니 오호라, 개구리의 시체 두세 마리 담 꼬리에 부유浮遊하고 있었습니다.

짐작하건대 지난겨울의 비상한 혹한酷寒에 작은 담수의 밑바닥까지 얼어서 이 참사慘事가 생긴 모양입니다. 예년에는 얼지 않았던 데까지 얼어붙은 까닭인 듯합니다. 동사凍死한 개구리 시체를 모아 매장하여 주고 보니, 담저潭底에 아직 두어 마리 기어 다닙니다. 아, 전멸은 면했나 봅니다!

제158호(1942. 3.)

조선지리소고

1. 단원單元

지리학상에 단원[unit]이라 함은 두 가지로 사용되는 말입니다. 정치적 단원과 지리적 단원인데 이 두 가지는 완전히 일치할 때도 있고 일치하지 않을 때도 있습니다. 예컨대 조선 반도를 8도 혹은 13도로 구분함은 정치적 단원이요, 때에 따라 변할 수 있는 것입니다. 그러나 반도를 태백산맥에 의하여 동서 2구區로 나누거나 혹은 인천, 원산 간을 연連한 대지구대大地溝帶에 의하여 남조선, 북조선으로 대별大別(크게 구별함)하는 것은 산맥, 하천 등의 자연적 요소에 입각한 소위 지리적 단원이므로 이는 영구히 변동할 수 없는 '단원'입니다. 이 지리적 단원이 확연할수록 일개 국가 생활로나 행정구역으로나 그 임무를 완전히 운행할 수 있는 것입니다. 지나支那의 고금을 통하여 군웅할거群雄割據¹의 사적史跡이 없음이 아니나, 지나사史가 항상 통일을 크게 표현하고 있음은 지나의 지리적 단원이 그렇게 되게 함이요, 파란坡蘭(폴란드)의 국경이 시세에 따라 연멸무상煙滅無常(연기가 사라지듯 모든 것이 덧없음)한 것은 일망무제一望無際(한눈에 바라볼 수 없을 정도로 넓어서 끝이 없음)한 평원 중에 인위적 국경을 설정한 까닭입니다. 즉 지리적 단원과 일치할 수 없는 정치적 단원을 보지保持하려는 역리逆理(이치에 맞지 않음)에서 생기는 비애라 할 수 있습니다. 이에 반하여 영길리英吉利(영국)와 일본도島 제국이 각기 모대륙母大陸의 성쇠盛衰를 초탈하고 오래 독립을 자랑할 수 있음이라든지, 노쇠하였어도 피레네 산맥²을 사이에 두고 능히 특이한 역사를 기록하여 오는 서반아西班亞(스페인)든지, 알프스의 천성天城에 둘러싸여 3000년 노대국老大國을 이룬 이태리伊太利 반도 같은 것은 모두 지리적 단원이 확연한 까닭입니다.

이러한 의미로써 볼 때 조선의 지리적 단원은 어떠합니까. 이는 설명을 기다리기보다 지도를 일별하는 것이 첩경입니다. 바다에 임한 동서남東西南 3면은 말할 것도 없거니와 대륙에 접한 북면도 백두산과 거기서 발원한 압록, 두만 양 강으로써 천연적 경계가 매우 확연

---

1. 많은 영웅들이 각각 한 지방에 웅거하여 세력을 과시하며 서로 다투는 상황을 이르는 말.
2. 유럽 남서부에 있는 산맥. 프랑스와 스페인의 국경에 걸쳐 있다.

하다고 할 수 있습니다. 단 조선이라는 범위가 역사의 변천에 따라 신축이 있었으므로 고조선의 국경을 대략 요하遼河 본류 및 그 연장선으로써 추정하였다 하면 차라리 산해관山海關[3]으로부터 장성長城(만리장성)과 흥안령興安嶺[4] 이동以東, 즉 오늘날 만주국 국경선과 대개 일치하는 지역이 반도와 합하여 일대 지리적 단원을 형성합니다. 이렇게 되는 때는 상술한 반도의 부분은 부副지리적 단원이 될 것입니다. 그러나 지금은 이조李朝(조선) 이래의 경계에 의하여 반도의 부분만을 논하기로 하겠습니다.

2. 면적

개인의 살림살이나 나라의 경영에나 지역이 광활한 것이 협착한 것보다 나은 듯하나 반드시 그렇게만 생각할 것도 아닙니다. 지나 일국은 구라파 대륙의 전全 면적만큼 광활하고 조선 반도의 50배나 되나, 금일今日의 지나는 강하다 할 수도 없으며 또한 행복스러운 나라라고 할 수도 없습니다. 이에 반하여 정말丁抹, 서서瑞西(스위스), 화란和蘭(네덜란드), 백이의白耳義(벨기에) 등의 본국은 대략 조선 반도의 5분의 1 혹은 6분의 1에 불과하면서도 타인에게 신세지지 않는 살림을

---

3. 중국 허베이성河北省 북동쪽 끝, 보하이만渤海灣 연안에 있는 도시. 만리장성의 동쪽 끝에 있는 관문으로, 예부터 군사 요충지로 여겨짐.
4. 중국 싱안링興安嶺 산맥을 일컬음. 네이멍구內蒙古 자치구 동부 헤이룽장성黑龍江省 북부 산맥을 통틀어 이르는 말.

하고 있을 뿐만 아니라 전 세계 열강의 선망을 받고 있습니다. 단 높은 탑을 쌓으려면 상당한 기반이 있어야 할 것은 물론입니다. 이하 몇 나라의 면적을 표시하여 조선 반도도 적지 않은 땅인 것을 귀납하고자 합니다.

지명地名	면적(평방천平方粁[5])
불란서佛蘭西(프랑스)	550,765
대영본도大英本島(영국)	217,720
독일獨逸	472,063
희랍希臘(그리스)	64,570
서전瑞典(스웨덴)	448,142
정말丁抹(덴마크)	43,010
낙위諾威(노르웨이)	323,546
서서瑞西(스위스)	41,374
이태리伊太利(이탈리아)	301,254
화란和蘭(네덜란드)	32,585
일본본주日本本州(일본 혼슈)	23,500
백이의白耳義(벨기에)	30,437
조선 반도半島	220,740

---

5. 평방은 제곱을 말하며 천은 킬로미터를 의미하여, '평방천'은 '제곱킬로미터'를 말함.

3. 인구

중국은 4억 수천만 인, 인도는 3억 수천만 인을 포옹抱擁하였으나 이 역시 수의 많음이 자랑이 아니요, 그렇다고 하여 아이누 족[6]이나 에스키모 족과 같이 연민을 받게 되어도 인류의 생활 무대에 큰 족적을 인치고 가기가 어렵습니다. 이에 또한 숫자를 배열하여 2천만이란 것이 적지 않은 식구인 것을 다시 인식하고자 합니다.

지명	인구(만)	지명	인구(만)
독일	6,098	백이의白耳義	747
영본국英本國	4,420	화란	687
불란서	3,921	서전	601
이태리	3,884	서서	388
조선	2,000	정말	327
토이기土耳其(터키)	1,335	낙위	265

[부附] 출애굽 당시에 모세가 인솔한 이스라엘 족은 약 200만이었고 50년 전의 일본 민족은 약 3천만이었다고 한다.

---

6. 일본의 홋카이도와 러시아의 사할린, 쿠릴 열도 등지에 분포하는 소수 민족. 근대 이후 일본 정부와 사회는 아이누의 문화와 전통을 미개시하고 그들을 일본인으로 동화시켜야 한다고 생각했다. 메이지 정부는 아이누의 전통적 생활 관습을 강제로 금지시켰으며, 홋카이도 개척 과정에서 아이누를 강제로 이주시키며 그들의 토지를 약탈했다. 이에 따라 오랜 동안 독특한 문화를 가꾸어 왔던 아이누의 전통 문화는 파괴되었고, 아이누인들은 억압과 차별을 받아 왔다.

4. 산악과 평야

산악이 중첩함에 비하여 광대한 평야가 없음은 실상 조선의 일대 결함이라 할 수 있습니다. 양자강楊子江, 볼가하河[7], 미시시피 유역 같은 대산업大産業을 이 반도에서 기대할 수 없음은 사실입니다. 그러나 아주 불모황무不毛荒蕪(매우 거칠고 메말라 식물이 나거나 자라지 못함)한 땅은 아닙니다. 다만 나일강 하류처럼 비옥하지 못하나 그래도 꿀 흐르는 가나안 복지라는 팔레스타인 지방보다 풍요하기 몇 배나 됩니다. 평야가 넓지 못하다 할지라도 2천만 식구를 부지扶支(어려움을 견디어 나감)하기에는 넉넉합니다.

하물며 미맥米麥(쌀과 보리)을 생산하지 않는다고 무용無用한 것이 아님을 알 때에 산악은 저주할 것이 아니고 차라리 감사할 것임을 깨달을 수도 있습니다. 황무처량荒蕪凄凉(매우 거칠고 조잡하여 서글프고 쓸쓸함)한 광야를 제외하고는 선지자의 나라 이스라엘 역사를 말할 수 없다 하며, 농무濃霧(자욱하게 낀 짙은 안개)와 노도怒濤(무섭게 밀려오는 큰 파도)의 해파海波(바다의 파도)를 떠나서는 일몰日沒함이 없다는 대영제국의 역사를 기술할 수 없다 함은 너무도 저문著聞(세상에 널리 들림)한 지리적 현상이거니와, 우리가 알프스 산록의 소국小國 스위스가 얼마나 큰 사상을 세계 인류에게 공급하였음을 음미하며, 대영제국의 가장 고

---

7. 볼가강Volga River. 러시아 서부를 남쪽으로 흐르는 유럽 제일의 강.

귀한 정신적 산물과 위대한 인물이 거개擧皆(대부분) 척박한 산악 지대인 스코틀랜드산産인 것을 인식하며, 북미합중국의 건국 이래의 두뇌가 미시시피 하류에 있지 않고 애팔래치아 산맥의 동북 산지에 있어 무릇 미국의 건실한 신앙가와 고귀한 사상가와 심원한 예술가와 웅건한 정치가는 대체로 이 석괴石塊(돌덩이) 전전轉轉(떠돌아다님) 하는 산곡山谷에서 배출하고 있는 사실을 알 때에 우리의 반도가 산악의 강산이라 하여도 비관할 것은 하나도 없습니다.

다만 우리의 산악에는 산맥이 있어도 히말라야 산맥처럼 웅대한 것이 없고, 화산이 있어도 부사산富士山(후지산)처럼 높은 것이 없음을 애달아 하는 이가 있습니다. 그러나 여기에는 고려할 것이 두 가지가 있습니다. 인도와 같이 아래는 염열炎熱(몹시 심한 더위) 지옥과 같아서 일시에 수천 생령生靈(생명)이 고열로 인하여 민사悶死(괴롭게 죽음)하는 변재變災(천재지변 따위로 생긴 변고)가 드물지 않은 반면에, 에베레스트 영상嶺上(산꼭대기)은 만고萬古(오랜 세월)의 적설積雪이 사시四時 백관白冠(흰 갓)을 쓰고 흘립屹立(깎아 세운 듯이 높이 솟아 있음)하여 있으니 이러한 데라야 불교와 같은 고원유현高遠幽玄(고상하고 원대하여 헤아리기 어려움)한 사상이 배태胚胎(어떤 일이 일어날 요소를 내면적으로 가짐)하는 법이라 하나, 이는 일면만을 말한 것입니다. 웅대한 자연에 압도될 때에는 도리어 허다한 미신이 횡행하게 되나니, 인도로부터 서남아시아 지방에 불건전한 종교가 성행하며 혹 기독교에 귀의할지라도 신비화하며 미신화한 이채異彩(두드러지게 눈에 띔)를 발하게 됨은 저들의 주위에 있는 대 산악과 넓은 사막과 건습乾濕(마름과 젖음)의 차差와 열한熱寒(더위와 추위)의 변變과 맹수독충猛獸毒虫의 재화災禍(재앙과 화) 등등의 불건전한 영향이 적지 않습니다. 화산과 지진의 나라에는 소위 '신심심信心深(믿는 마음이 깊음)'이라는 경향이 농후하여 일견 종교적 대 국민인 듯이 보이는 수도 있으나 그 반면에 저들은 예배물의 대상 여하를 분변치 못하는 경향도 많습니다. 생식기生殖器를 봉사奉祠(제사를 받들어 모심)하며 생선 뼈다귀라도 최고의 경건으로써 예배하는 환경에서, 참된 신을 발견하며 고결한 사상에 도달하려 함은 용이한 일이 아닙니다.

이런 이유로 보아서 우리는 천변天變(하늘에서 생기는 자연의 변동), 지동地動(지진)이 격심하지 않은 동반도東半島에 생장함을 못내 자랑하거니와, 반도 강산의 '미적 균형'에 이르러는 이는 거의 세계 유일한 산천이라 하여도 과언이 아닐 것입니다. 산이 높은 것으로 장하다 할진대 부사산富士山[3,768미터]보다 182미터가 더 높은 신고산新高山[8] 아래에서 영걸英傑이 배출되었을 것이며, 아불리가亞弗利加(아프리카)의 킬리만자로[5,890미터]와 북미주의 매킨리산[6,200미터][9]과 남미주의 아콩카과[7,040미터][10] 등 제산諸山은 모두 우리 백두산 위에 백두산을 가한

---
8. 타이완 산맥臺灣山脈의 중부에 솟은 산으로 최고봉은 3,997미터.
9. McKinley Mt. 미국 알래스카 주 알래스카 산맥 중에 있는 산.

것보다 더 고준高峻한 산령들이나 그 아래에서 현철賢哲이 났다는 소식을 못 들었습니다. 오히려 4억만 창생蒼生들에게 인의의 도를 가르쳐 준 동방의 대교사 공부자孔夫子의 고향에는 천하의 명산인 태산이 있었어도 그 높이가 애오라지 1,450미터에 불과하니 우리의 금강산 비로봉보다 불급不及(미치지 못함)하기가 188미터입니다. 세계적으로 철학의 요람이요, 예술 과학의 분토인 희랍 반도가 호머, 소크라테스, 플라톤, 아리스토텔레스, 알렉산더대왕 등을 배출함에는 2,500미터 이상의 거악巨岳을 필요로 하지 않았습니다.

하나님의 율법을 모세에게 내리신 시내산은 2,602미터요, 구세주 예수 그리스도가 강림하신 베들레헴 근방에는 우리 북한산[836미터]보다 높은 산이 없고 멀리 레바논, 헤르몬산이라야 우리 백두산과 근사한 고산高山들이었습니다.

세계에서 가장 국민적 자만심이 심한 백성으로는 아마도 영국민英國民에게 제일지第一指(첫째 손가락)를 굴屈할(꼽을) 것이요, 그중에도 더욱 심한 것은 스코틀랜드 인사들이니 저들에게는 대대로 현철한 그 조상과 그들을 산출한 고향 산천에 대한 감사의 염念(생각)과 자부지심自負之心이 심저에 깊이 반거盤據(근거를 잡고 지킴)한 까닭입니다. 그렇게 자랑하는 스코틀랜드 지역에는 1,343미터의 벤네비스산[11]으로

---

10. Aconcagua Mt. 아르헨티나와 칠레의 국경 부근에 있는 산.
11. Ben Nevis Mt. 영국 스코틀랜드 하일랜드 주에 있는 산.

써 주봉을 삼았습니다.

북미합중국의 스코틀랜드라고 칭해지는 신영주新英州(뉴잉글랜드)[애팔레치아 산맥의 동북단 구릉지대]에서도 북미의 대표적 인물을 거의 독점적으로 산출하건만, 거기는 우리의 지리산보다 더한 웅봉雄峯(웅장한 봉우리)이 흘립屹立함이 없고 우리의 소백산계系보다 더한 거학巨壑(거대한 골짜기)이 중첩함이 없습니다.

왕자王者의 요람이라 칭하는 백두산[2,744미터]과 개마대지蓋馬臺地(개마고원)를 형성한 관모산冠帽山[2,541미터][12], 북수백산北水白山[2,522미터][13] 및 남해에 흘립한 한라산[1,950미터]과 어간於間에 뚜렷한 묘향산[1,909미터], 지리산[1915미터], 금강산[1,638미터] 등의 수봉秀峯을 가진 우리는 서대문 외의 독립문이 빈약함을 부끄러워할 법은 있어도 반도의 산악이 평탄한 것을 회한할 것은 없습니다. 우황又況(하물며) 산세와 평야의 배열 균형의 미를 논할진대 거장 레오나르도 다빈치의 성화聖畵에나 비할까요, 뉴육紐育(뉴욕) 부두에 높이 솟은 자유의 여신상에다가 비할까요. 낭림산狼林山[14] 머리 위에 하늘을 향한 좌완左腕(왼팔)을 백두산 저편까지 높이 뻗치고 장산곶 끝까지 우완右腕(오른팔)을 드리워 어루만지려는 듯, 우각右脚(오른쪽 다리)의 태백산은 거제까지

---

12. 양강도 대흥단군 유곡노동자구 서부에 있는 산.
13. 함경남도 풍산군 웅이면熊耳面(현 양강도 풍서군) 서쪽에 있는 산.
14. 평안북도 희천군과 평안남도 영원군 사이에 있는 산.

굽혀 올리고 좌각左脚(왼쪽 다리)의 소백산은 진도까지 뻗쳐 디딘 듯합니다. 지구대地溝帶는 허리에 잘록하고 금강산은 가슴에 드리운 노리개인 듯, 몸을 가리운 능라綾羅(무늬가 있는 두꺼운 비단과 얇은 비단)가 동풍에 나부끼어 녹색 평야를 이루었으니 엷고도 가볍습니다. 선녀 바야흐로 구름 위로 솟아오르려는 자태일까요, 혹은 자유의 여신이 대륙을 머리 위에 이고 일어서려고 허리를 펴는 형상일까요!

5. 해안선

동서남의 3해안 중에 동해안이 가장 단조單調합니다. 대개 구조선構造線과 평행한 해안이 되어서 굴곡도 없고 도서島嶼도 희소하여 강원도의 총석정叢石亭과 함경북도 무수단舞水端의 기승奇勝(기묘하고 뛰어난 경치)은 있으나 해운과 어업에 유조有助한 항만은 비교적 빈약합니다. 그러나 이 빈약하다 함은 반도의 남서 이면二面에 비하여 비교적 항만이 희소하다 할 뿐이지 결코 절대적으로 불량한 해안이라 함은 아닙니다. 함북 해안에는 본래 웅기雄基, 청진淸津, 성진城津 등의 제항諸港(여러 항구)이 산재하나 근일 세간에 소문이 낭자한 나진항羅津港 같은 것은 근소한 인공人工을 가함으로써 일약 동양 유수한 대항大港으로 변하게 되어 대 만주의 하물荷物(짐)을 함토含吐(자유자재로 출입함)하는 관계가 마치 북미합중국의 대호大湖지방(북미 대륙의 동부에 있는 거대한 호수 지역)과 뉴욕항과의 관계에 방불하게 되었습니다. 연전年前에 조선질소비료회사의 흥남 축항築港(항구를 구축함)으로 인하여 어선 10여 척을 계류繫留(붙잡아 매어 놓음)하던 포구가 불연간 함남 최대의 무역항으로 약진하게 된 것도 우리의 기억에 새로운 바입니다. 이와 같이 다소의 인공을 가하여 양항良港(좋은 항구)이 될 만한 것은 아직도 희한稀罕(매우 드묾)하지 않습니다. 만약 원산항에 논급論及(논의가 미침)할진대 이는 천성天成의 거항巨港(거대한 항구)입니다. 호도반도虎島半島에 포옹抱擁된 영흥만永興灣까지 헤아려 보면 어김없이 대련大連에 여순旅順을 가한 것과 흡사합니다. 만일 원산항 하나만을 노서아露西亞(러시아) 같은 빈항국貧港國(항구가 부족한 나라)이 소유하였다면 필경 세계 역사가 달리 쓰여졌을 것을 누가 부정하겠습니까. 이 상사商事와 군사軍事의 쌍익雙翼(양쪽 날개)을 겸비한 거항이 한가히 동해안에 굴곡을 그릴 따름이고, 송도원松濤園의 해수욕객과 명사십리明沙十里[15]의 피서객들만 연년세세年年歲歲(여러 해를 거듭하여 계속 이어짐)에 뽐내고 있으니, 우리는 이 양항良港을 동해에 조성하신 성의聖意(하나님의 거룩한 뜻)를 분변하기에 의아해 할 뿐입니다.

서해안은 목포, 군산, 인천, 진남포, 용암포 등의 양항이 상거相距도 적당하게 나열하여 있을 뿐만 아니라 그 사이에 다시 도서島嶼와 리아스식 해안[16]의 소항小港이 연락부절連絡不絶(서로 이어져 끊이지 않음)

---

15. 함남 원산시 갈마반도의 남동쪽 바닷가에 있는 백사장.
16. rias coast. 하천에 의해 침식된 육지가 침강하거나 해수면이 상승해 만들어진 해안.

하여 원시적 항해기에도 일찍부터 해상 교통에 편하였고 더구나 연안의 사면구배斜面勾配(비탈면의 기울기)가 완완緩緩(기울기가 비스듬함)한 것과 압록강, 대동강 등의 하구가 누두상漏斗狀(깔때기처럼 생긴 모양)을 이룬 것으로 인하여 이상 제항諸港과 배후지와의 수륙 연락聯絡(서로 관련을 지음)이 원활하게 된 것은 도저히 동해안에 비할 바가 아닙니다. 조석 간만의 차, 즉 조후潮候(밀물과 썰물이 드나드는 때)도 동해안의 청진이 0.73미터, 원산이 0.83미터인 데 비하여 현저한 차도差度가 있으니 목포가 4.33미터, 진남포가 6.27미터, 인천은 세계에서도 저명한 것으로 9.41미터의 차를 보이고 있습니다. 이 조후를 이용하여 인천의 갑문식閘門式 항만과 진남포의 개거식開渠式 항이 설비되었고, 인천만의 비상한 간만의 차를 발전 동력에 이용하는 것도 다만 시기의 문제가 남아 있을 뿐입니다. 동해안에 도서島嶼가 결핍하여 울릉도[72.49평방천]와 마양도[7.06평방천] 외에 현저한 것이 없는 반면에 서해안에는 진도[330.9평방천], 강화도[290.5평방천], 안면도[86.6평방천], 신미도[52.8평방천], 자은도[50.2평방천], 백령도[46.9평방천] 등 저대著大(현저하게 큼)한 것 외에도 독거군도獨巨群島[17], 나주군도羅州群島, 부남군도扶南群島[18] 등의 다도해로부터 안마군도鞍馬群島[19], 고군산군도古群

---

17. 전남 진도군 조도면 해상에 산재한 군도.
18. 전남 신안군 임자면 재원리에 딸린 군도.
19. 전남 영광군 낙월면에 속하며, 법성포 서쪽 39킬로미터 해상에 있는 군도. 안마도를 중심으로 왼쪽에는 오도·횡도, 오른쪽에는 석만도·소석만도 등의 섬들로 이루어져 있음.

山群島[20], 외연열도外煙列島[21], 격렬비열도格列飛列島[22] 등의 도군島群이 위집蝟集(고슴도치의 털과 같이 많은 것이 한곳에 모여듦)하여 있습니다.

남해안은 반도의 동서 두 해안보다 우수할 뿐만 아니라 그 지절률肢節率, 즉 해안 직선거리로써 해안 굴곡 연장 거리를 제한 값의 대大함이 세계에 희한한 것이므로 학자들은 이것을 보통 리아스식 해안이라고도 칭하지 않고 특히 '조선식 해안'이라고 명명하였습니다.

포도송이에 포도송이가 맺히듯이 이삭에 또 이삭이 달리듯이, 반도에 또 반도가 붙고, 섬에 또 새끼 섬이 달린 것이 조선의 에게 해[23]라는 별칭을 가진 남해안입니다. 조선 산천을 논하는 자, 금강산의 기암奇岩을 찬讚하지 않으면 백두산의 웅봉을 탄嘆함으로 그치나, 백문불여일견百聞不如一見이라는 말을 통용한다면 그것은 바로 조선식 해안의 기괴 무궁함을 표현할 수 없다는 대용으로 사용할 말입니다. 지자智者는 바다를 사랑한다는 말이 사실일진대 무릇 지자로서 자처하는 이는 한산도 앞 바다에 엽주葉舟(한 척의 작은 배)를 띄워 놓고 나갈

---

20. 전라북도 군산시 옥도면에 딸린 군도. 군산시에서 남서쪽으로 약 50킬로미터 떨어진 해상에 있으며, 무녀도·선유도 등 63개 섬으로 되어 있음.
21. 충청남도 보령시 오천면 외연도리에 딸린 열도. 외연도를 비롯하여 평균 면적 2제곱킬로미터 이하인 10여 개의 섬들로 이루어져 있음.
22. 충남 태안군 근흥면 가의도리에 딸린 열도. 동쪽으로 석도와 인접하며 북격렬비도·동격렬비도·서격렬비도와 작은 섬으로 이루어진 서해의 고도군. 북동쪽으로 백아도를 비롯한 덕적군도가 있으며 군사상 중요한 열도.
23. Aegean Sea. 그리스 본토, 소아시아 반도의 서해안 및 크레타 섬에 둘러싸인 동지중해의 해역. 남북 길이 640킬로미터, 동서 길이 320킬로미터. 크고 작은 400개의 섬이 산재해 있어 다도해라고도 불림.

길을 찾아봐야 할 것입니다. 수륙의 상대적 관계가 시시각각으로 유동流動 불식不息(쉬지 아니함)하는 이 허다한 도갑島岬(섬과 곶) 가운데서 돛을 달며 노를 저어 가면서 오히려 자기의 지략智略을 신뢰할 수 있는 자는 광자狂者가 아니면 희세출稀世出(세상에 드물게 나옴)의 지자智者인 줄 확신하여도 무방할 것입니다. 누가 만일 대영백과사전에 의하여 고려라는 항목을 찾아본다면 거기는 이순신과 구선龜船(거북선)의 도해圖解(설명을 보충하기 위해 그림을 넣어서 풀이함) 설명이 있을 것이니, 세계인들로 하여금 조선을 기억하게 한 것은 다도해의 무궁무진한 조화와 그 묘리妙理(묘한 이치)를 파악할 줄 알았던 일개 장부丈夫가 있었던 까닭인 줄로 알 수 있습니다. 300년 전에, 무수한 적선敵船이 치지 않아도 스스로 낭중囊中(주머니 안)의 서鼠(쥐)를 만들었던 것도 이 해안이요, 전前 세기 초에 서양인들의 탐험선이 미궁에 빠져 갈 바를 몰라 헤매던 것도 이 다도해의 일이었습니다. 일본 해군이 발틱 함대를 영격迎擊(공격해 오는 적을 맞받아침)하기까지 4개월여를 완전히 세계 이목을 피하여 잠재潛在 준비를 할 수 있었던 것도 이 해안에 진해만鎭海灣이 있었던 까닭이었습니다. 하물며 진해만이 한둘뿐이 아닙니다. 이 수다數多한 항만들이 전시戰時의 군항도 되고, 평시平時의 어항漁港도 되며, 지략에 능한 자의 연마장練磨場도 되어서 아르키메데스, 유클리드, 크세노폰 등을 배출하던 희랍의 다도해의 역할을 다한다면 반도의 동부胴部(물체의 중심을 이루는 부분)와 동서 해안이 없어지고 소백산맥 이남만을 장백산맥에 연접하여 놓는다 할지라도 이 '조선식 해안'은 지구 위에 무위無爲한 존재로 한갓 침식작용으로 삭마削磨(깎이고 갈림)될 지모地貌(땅 표면의 생김새)가 아닙니다. 요컨대 3면의 해안선으로 보아도 강토에 불만함이 없을 뿐 아니라 해안선만은 실상 과분하다고 할 만큼 조물주가 백의족白衣族(한국 민족)에게 시혜施惠(은혜를 베풂)하심이라고 할 수밖에 없습니다. 남해안의 주요한 도서를 열기列記한다면 다음과 같습니다.

제주도 1,859평방천, 거제도 389, 남해도 300 등의 큰 섬 외에 추자군도楸子群島[24], 노화군도蘆花群島, 완도莞島, 고금도古今島, 신지도薪智島, 청산도靑山島, 조약도助藥島, 평일도平日島, 거금도居金島, 거문도巨文島, 내內·외나로도外羅老島, 금오도金鰲島, 돌산도突山島, 사량도蛇梁島, 욕지도欲知島, 미륵도彌勒島, 한산도閑山島, 가덕도加德島 등등.

6. 기후

대체로 북위 33도에서 43도에 걸치어 소위 표식적標式的(전형적) 온대 지방에 위치하였으나 대륙에 연접하여 대륙성 기후의 영향이 심한 것과 동해안의 리만 한류[25]가 흐르는 것으로 인하여 다른 데 같은

---
24. 한반도 본토와 제주특별자치도 사이의 제주해협 상에 있는 42개의 섬.
25. 우리나라 및 일본 근해의 한류 가운데 하나. 오호츠크 해 남서 해역에서 타타르 해협을 거쳐 연해주 연안을 따라 남하하여 우리나라 동해안을 거쳐 대한 해협에 이른다. 우리나라 동해안의 북한 해류는 리만 해류의 일부이다.

위도 지역보다 비교적 한랭합니다. 위도로서는 지중해안과 근사하나 지중해안의 이태리, 발칸 반도 등에는 감람橄欖, 감귤류 등의 아열대적 식물을 배양하는데, 우리는 제주도 남사면南斜面에서 근소한 감귤류를 배양하는 외에 반도 전체는 평과苹果(사과)와 같은 한국적寒國的 과수를 재배하는 것이 적합합니다. 춘추春秋가 짧고, 동계冬季를 길게 보내는 것이 반도 기후의 단점이라 하나 결빙結氷 후의 은반 위에서 스케이팅 하면서 의지를 단련할 수 있음은 한국寒國 백성에게만 허여許與(허락)된 각별한 은총이라 할 것입니다. 하물며 반도 각지의 1월 평균 기온은 다음 표와 같아서 구미 문명 제국의 인구가 조밀한 대도시와 상사相似(서로 비슷함)하니 조선 기후는 인류 생활에 부족함이 없음을 알 수 있습니다.

부산	2.2	파리, 경도京都(교토)와 상사함.
대구	1.5	백림伯林(베를린)[독], 화성돈華盛頓(워싱턴)[미]과 근사함.
경성(서울)	4.5	시카고[미], 북평北平(베이징)[중]과 근사함.
평양	8.1	모스크바[노]보다 온난溫暖. 레닌그라드[노]나 찰황札幌(삿포로)보다 초한稍寒(약간 추움).

강수량이 500내지 1,400모秏[26] 내외에 불과하므로 일본의 800–

---

26. 밀리미터mm.

3,000모에 비하여 부족함이 있는 듯하나 조선 강수량은 전량의 5할 이상이 농작기인 6, 7, 8월경에 강우降雨(비가 내림)하므로 이것만 잘 이용하면 생산에 부족함이 없다 합니다. 강수량이 다소간 빈핍한 경향이 있었던 까닭에 서구 제국諸國(여러 나라)보다도 200년이나 앞서서 이조 초기에 벌써 측우기를 제작하여 과학적으로 우량雨量을 계산한 최초의 영예를 받게 된 것은 우리 조상들이 화를 도리어 복으로 이용하는 일에도 범용凡庸(평범하고 변변하지 못함)이 아니었다는 증거입니다. 이와 관련하여 반도의 공중에 운량雲量(구름 양)이 희박한 것이 일찍이 천문학 발달의 소인素因(근본이 되는 까닭)이 되어 경주와 개성에 첨성대의 구기舊基(옛 터)를 남기게 된 것도 우리의 자랑거리거니와, '맑은 하늘이 어찌 그 하늘 아래 백성의 마음에 반영치 아니하며, 맑은 마음이 어찌 하나님을 보기에 유조有助하지 않을 수 있겠는가?'라고 생각하면 이런 강산에 생生을 받은 것을 감사할 수는 있어도 불만을 가질 것은 없습니다.

  기후와 밀접한 관계가 있는 생산을 언급하는 것이 당연한 순서이나 지금은 조선의 자연적 요소에만 착안하고자 하므로 인문적 요소와 많은 부분 상관이 있는 산업 방면은 생략하겠습니다.

7. 위치

  자연 지리상에 가장 중요한 의의를 가진 요소이므로 위치를 논하는 것이 곧 결론에 이르는 일이 됩니다. 지구의 표면을 열대, 온대, 한대의 3대로 나눌 때에 한대에는 거의 인류의 생활이 불가능하고, 열대에는 국민의 지능이 발육하기를 기대하기가 거의 무망無望(바랄 수 없음)하며, 오직 온대 지방에서라야만 가히 문화의 개발을 볼 수 있다 함은 세계지도의 채색이 이를 증명하는 바입니다. 우리 반도가 북위 약 33도로부터 43도까지 걸치어 온대 중에서도 표식적標式的 온대 지역에 처하여 있음은 무한한 행복이거니와 남반구보다 북반구에 인류 생활의 본거지가 있다 함은 이중의 상운祥運(상서로운 운수)이라 할 수밖에 없습니다.

조선은 극동의 중심입니다. 심장입니다. 중심적 위치라는 것은 인력으로 좌우할 수 없는 관능官能을 배태胚胎하고 있는 것입니다. 영국이 오늘과 같이 융성하였음은 육반구陸半球의 중심에 위치한 것이 그 가장 중대한 소인의 하나였다 함은 지리학자의 정론이요, 오사카 시大阪市가 정치적 중심의 추이推移에 불관不關(관계하지 않음)하고 수백 년간 일본 경제계의 여왕 같은 지위를 보지保持하여 왔다 함은 그 위치가 결정하는 사실입니다. 이와 같은 예는 일일이 들기 어려우리만큼 산재하거니와, 단지 중심적 위치라기보다 반도로써 한 세계, 한 시대의 심장으로 역할한 예, 조선 반도와 상사형相似形(비슷한 형태)의 유례 두셋을 들면 다음과 같습니다.

1) 희랍 반도

인류의 역사가 애굽, 바벨론, 앗시리아 등의 원시적 거대한 국가 생활로부터 로마제국의 조직적이요, 근대적인 새로운 생활양식으로 천이遷移(옮기여 바뀜)하려 할 때에 전대의 모든 우수한 유산을 종합하고 후대에 전개할 수 있는 모든 인자를 함축하여 기원전 제5, 제4세기 경에 찬란하고도 독특한 문화를 세계사상에 대서大書(드러나게 크게 씀)하고 간 희랍 반도는 반도라는 것, 산악이 많고 평야가 적은 것, 북위 3, 40도 내외에 위치한 것 등도 우리 조선과 방불한 점이지만 그 반도에 또 반도가 달리어 항만 굴곡이 극심한 것과 만천萬千(만이나 천으로 헤아릴 많은 수)의 대소 도군島群이 갑단岬端에 나열하여 대륙인지 도서인지 분별하기 곤란한 다도해의 광경은 동東반도[27]의 남단과 전연全然 일치하는 바입니다. 그 위에 동방 제국諸國의 대 세력이 지중해 서남으로 팽일澎溢(물결이 서로 부딪쳐 넘실댐)할 때에 필연코 이 반도를 거치어 갔고 로마의 군대가 소아시아 피안彼岸(강의 건너편 기슭)을 정복할 때에 우선 그 말발굽 소리가 이 반도에 들리지 않을 수 없었고 북방의 백웅白熊(흰 곰) 같은 노서아露西亞의 발톱이 식물食物을 구하여 목근木根을 파서 두드릴 때에 먼저 진동하지 않을 수 없음도 이 반도이었으니 이것조차[고금을 통하여 국제 정국의 휴화산이라는 것] 두 반도

---

27. 조선 반도를 일컬음.

의 신세가 동일합니다. 그러므로 희랍 반도에 동정할 자가 있다면 그 것은 조선 반도요, 희랍 반도에 자랑할 것이 있다면 동반도에도 그것이 있을 것입니다.

2) 이태리 반도

이태리 반도가 조선 반도와 상사相似하다 함은 학자의 설명을 기다리지 않고라도 세계지도를 일람하면 가히 알 수 있습니다. 폭이 좁고, 장長이 긴 반도 전체의 형상이든지 면적으로나 위도로나 대동소이하며 지중해의 중앙에 돌출하여 제1, 2세기로써 절정에 달하였던 로마제국의 위력과 금일今日까지의 3000년 문명국을 계승한 것은 그 위치가 지중해의 심장으로 되어서 강한 때에 주위를 지배하기에 편할 뿐더러 쇠약한 때에 안일安逸의 오수午睡(낮잠)를 탐하기도 불허不許하는 무대이기 때문이니 이도 동반도에 합치하는 점입니다. 기독세기基督世紀 초에 지중해 문명의 난숙기爛熟期(무르익는 시기)에 처한 세계 정국으로 보아서 이태리 반도는 희랍보다 더 중심적 위치인 것에 더하여 롬바르디아 평원[28] 같은 부원富源(경제적 부를 생산할 수 있는 근원이나 천연자원)을 배후에 비치한 것이 전자와 후자의 사업에 대소大小가 있고 역할에 성질을 달리한 까닭이었습니다. 그러나 희랍은 희랍으

---

28. Plain of Lombardy. 이탈리아 북부 롬바르디아 주의 남부를 차지하는 지역.

로서 숭고하였고, 로마는 로마로서 강대하였습니다. 희랍 반도는 희랍을 산출한 미인이요, 아펜니노 반도는 로마제국을 양육한 현모賢母였습니다. 여인은 태산胎産함으로써 죄를 면한다 하나 여인은 산출産出한 자녀에 의하여 미화美化, 성화聖化하기도 하는 듯합니다. 그 스승에 그 제자라면, 또한 그 어머니에 그 자녀라야 됩니다. 무릇 희랍 예술과 로마 제도의 여하如何한 것인 줄 아는 자는 이 두 반도의 미를 볼 것이요, 이 두 반도의 지리학적 미를 알고는 이 두 반도의 산출한 문화가 각기 그 어머니의 적자嫡子인 것을 납득할 것입니다. 지구 위에 가장 아름다운 반도 둘만 찾으라고 하면 서슴없이 희랍, 이태리 두 반도를 굴지屈指(손가락을 꼽아 헤아림)한다고 우리가 말함은 이유가 없음이 아닙니다. 다만 인간의 욕심을 허용한다면 이태리 반도의 남단에 타란토 만灣[29] 하나가 모양 없이 만곡彎曲 할 뿐이고 다른 지절肢節을 결缺하여 소위 장화형이라는 별명을 전숲 반도에 주게 된 것은 이 반도의 말단이 맺힌 데 없이 생긴 것에서 기인한 한사恨事(한탄할 일)입니다. 만일 아펜니노 반도의 칼라브리아 반도와 아폴리아 반도를 단절하고 거기에 희랍 반도를 떼어다 연접한다면, 이는 범에게 날개를 붙이는 격입니다. 지구상에서는 이 이상의 이상적 강토를 상상할 수 없을 것입니다. 이것이 곧 조선 반도입니다. 의아해 하는 이는

---

29. Gulf of Taranto. 이탈리아 남동부 이오니아 해의 일부를 이루는 만.

세계지도에서 희랍 에게해를 떼어 이태리 남단에 붙여 놓고 우리 반도와 대조하여 보십시오.

3) 정말丁抹 반도

유틀란트 반도[30]의 면적은 조선 반도의 6분의 1보다 조금 크고 5분의 1보다 조금 작습니다. 그 안에 산악이라야 해발 200미米[31]를 넘는 것이 희귀하니 한양성의 남산(265미)이 들어간다면 정말국丁抹國의 백두산 노릇을 할 수 있을 것입니다. 지금은 이 반도가 농축農畜(농가의 가축)의 모범국으로 전 세계가 주시하는 곳이 되었으나 제12, 13세기에는 스칸디나비아 반도의 스웨덴, 노르웨이는 물론, 발틱 해안의 독노獨露(독일과 러시아) 제국과 북해에 면한 영불英佛(영국과 프랑스) 제국까지도 정말국의 위풍에 나부끼지 않을 수 없었으니 이는 그 위치가 서북 구주歐洲(유럽)의 중심에 돌출한 것이 마치 아펜니노 반도가 지중해에, 조선 반도가 동해에 임한 것과 흡사한 자연 지리적 위치에 기인함이 하나의 큰 이유가 됩니다. 현금現今은 비록 당년當年의 정치적 위력을 조상凋喪(시들어 죽음)하였다 할지라도 영계靈界의 장부丈夫인 키에르케고르[32]의 향토인 명예를 간직하여 최근 반세기 이래로 세계

---

30. 북해와 발트 해 사이를 유럽 대륙에서 북으로 뻗은 반도.
31. 미터m.
32. Søren Aabye Kierkegaard, 1813-1855. 덴마크 코펜하겐 출신의 철학자.

를 놀라게 한 산업적 발전의 이면에는 복음주의의 신교적 신앙이 기반이 되어 있다고 합니다.

결론

상술한 바와 같이 지리적 단원으로 보나, 그 면적과 인구로 보나, 산악과 해안선의 지세로 보나, 이 위에 천혜로 주신 기후로 보나, 한 국면 혹은 한 무대의 중심적 위치로 놓인 그 대접待接으로 보나, 조선의 지리적 요소에 관한 한으로는 우리가 불평을 토하기보다 만족과 감사를 표하지 않을 수 없습니다. 이는 넉넉히 한 살림살이를 부지扶支할 만한 강산이요, 넉넉히 인류사상에 큰 공헌을 제공할 만한 살아 있는 무대입니다.

그러나 조선의 과거 역사와 현장을 통관通觀한 이는 누구든지 그 위치의 불리함을 통탄하여 마지않습니다. 황해가 대서양만큼 넓거나 압록강 저편에 알프스 산맥 같은 고준高峻한 연봉連峯(잇달아 이어진 산봉우리)이 둘러쌌더라면, 조선 해협이 태평양만큼이나 넓었더라면 좀더 태평하였을 것을, 그렇지도 못하니 지支, 일, 노露(러시아) 3대 세력 중에 개재介在(사이에 낌)하여 좌충우돌하는 형세에 반만년 역사도 별로 영일寧日(무사하고 편안한 날)이 없이 지나왔다고, 듣는 자로서 과연 동정의 눈물이 없을 수 없습니다. 그러나 이는 약자의 비명인 것을 피할 수 없습니다. 약자가 한갓 태평을 구하여 피신하려면 천하에 안전할 곳이라고는 없습니다. 남미 페루국에 선주先住(이전부터 살고 있음) 하였던 인디언족의 수도 쿠스코[33]는 우리 백두산보다 훨씬 더 높은 곳에 있었어도 스페인인들의 참혹한 침략을 피할 수 없었고, 서장西藏(티벳)은 해발 4,000미 이상의 고원에 비장秘藏한(숨겨진) 나라이었으나 천하 최고의 히말라야 산맥도 이 신비국으로 하여금 영인英人의 잠식을 피하게 하는 장벽은 되지 못하였습니다. 그러므로 우리는 깨닫습니다. 겁자怯者에게 안전한 곳이 없고 용자勇者에게 불안한 땅이 없다고! 무릇 생선을 낚으려면 물에 갈 것이요, 무릇 범을 잡으려면 호굴虎窟에 가야 합니다. 조선 역사에 영일이 없었다 함은 무엇보다도 이 반도가 동양 정국의 중심인 것을 여실히 증거하는 것입니다. 물러나 은둔하기는 불안한 곳이나 나아가 활약하기는 이만한 데가 다시없습니다. 이 반도가 위험하다 할진대 차라리 캄차카 반도나 그린란드 도島의 빙하에 냉장하여 두는 수밖에 없는 백성입니다. 현세적으로 물질적으로 정치적으로 고찰할 때에 조선 반도에 지리적 결함, 선천적 결함은 없는 줄로 확신합니다. 다만 문제는 거기 사는 백성의 소질, 담력 여하가 중요한 소인素因인가 합니다.

만약 눈을 돌려 정신적 소산, 영적 생산의 파악으로 향한다면 반도

---

33. Cuzco. 페루 리마 동남쪽 580킬로미터, 해발 고도 3,400미터인 안데스 산중의 쿠스코 분지에 위치하여 기후가 쾌적하다. 13세기 초에 건설되어 16세기 중반까지 중앙 안데스 일대를 지배한 잉카제국의 수도였는데, 쿠스코라는 이름은 현지어로 배꼽, 중심을 뜻한다.

에는 특이한 희망이 있다고 할 수 있습니다. 유대 민족이 바벨론, 파사波斯(페르시아), 애굽, 앗시리아 등 강대한 세력이 교착한 중에 처하여 자연계의 사막과 준령峻嶺(높고 가파른 고개)과 한열寒熱과 맹수 등의 감화感化 이외에, 국가의 흥망성쇠에 따라 조석潮汐처럼 유동 무상한 세계 역사의 살아 있는 무대에서 이방의 자연숭배 같은 미신에 빠지지 않고 능히 유일신교唯一神敎의 건전한 신앙을 파지把持(움키어 가짐)하였던 것과 같이 반도의 백성이 과거 반만년의 역사를 고요히 생각한다면 안전한 백성과 강대한 국민으로는 도저히 미칠 수 없는 바를 오득悟得(깨달아 앎)함이 있을 것입니다. 다른 사상이나 발명은 모르나 지고한 사상, 즉 신의 경륜에 관한 사상만은 특히 가난하고 약하고 멸시당하고 유린당하여 생래生來의 교만의 뿌리까지 뽑힌 자에게만 계시되는 듯합니다. 이스라엘 백성에게 복음을 위탁하기 위하여서는 저들에게서 온갖 것을 빼앗고 갖은 수욕羞辱(수치와 모욕)을 지워 주었습니다. 방금方今(지금) 인방隣邦(이웃 나라)에서 정직한 일을 볼 수 없게 된 이때에, 맑은 마음을 이 백성에게 두신 이의 요구가 무엇인 것을 우리는 그윽이 대망待望(바라고 기다림)하지 않을 수 없습니다.

또한 일반 문화로 보아서 동방 고대 문명이 구미 제방諸邦으로 서점西漸(어떤 세력이나 영향이 점점 서쪽으로 옮겨 감)을 시작할 때에 희랍 문명의 독특한 꽃이 찬연히 피었던 것처럼, 인도·서역 문명이 동점東漸할 때에 잔교棧橋(절벽과 절벽 사이에 높이 걸쳐 놓은 다리)와 같은 동반도 이채

異彩로운 문화가 출현하고 나서야 이동以東에 광명이 전해졌고, 현금現今은 도리어 태평양을 건너온 문화의 조류가 태백산과 소백산의 종곡縱谷(산맥과 산맥 사이에 평행으로 나 있는 골짜기)을 소급하여 백두산록까지 침윤浸潤(사상이나 분위기 따위가 사람들에게 번져 나감)하였으니, 서에서나 동에서나 모름지기 고귀한 광명이 출현하고는 이 반도가 암흑하고 있을 수 없는 처지에 위치하였습니다. 동양의 범백凡百(갖가지 모든 것) 고난도 이 땅에 주집注集(한군데로 모여듦)되었거니와 동양에서 산출하여야 할 바, 무슨 고귀한 사상, 동반구의 반만년의 총량을 대용로大熔爐(용광로)에 달여[煎] 낸 엑기스[精素]를 필연코 이 반도에서 찾아볼 것입니다.

제62호(1934. 3.)

한양의 딸들아

저에게 한 가지 자랑이 있습니다. 그리고 그것은 제 마음의 지극히 깊은 곳을 차지하고 있습니다. 제가 조선의 모든 외형을 보고 낙심저두落心低頭(바라던 일이 이뤄지지 않아 머리를 숙임)하지 않을 수 없을 때에 그것이 저의 심장에 새로운 고동을 주어 제 머리는 쳐들어지고 저의 눈에는 희망의 광채가 방사放射된 때가 몇 번이었던가요!

저는 동북東北의 일우一隅(한 구석)에서 생장生長하여 견식이 좁은 자입니다. 그러나 그 좁은 것만큼 확신이 강하였습니다. 즉 본대로 신뢰합니다. 저는 저를 낳아 준 친모의 품속에서 자랐고, 농農(농사)을 주업으로 하는 소박한 이웃 사이에 거하여 듣고 보고 하였습니다. 그리고 이렇게 생각하였습니다. '조선을 망하게 한 것은 그 남성들이었다. 남성 자신이 멸망하여 다시 소망이 있는 것 같지 않다. 그러나 조선의 여성은 세계에 무비無比(비할 데 없이 뛰어남)이리라. 조선의 희망은 과연 그 특유한 조선적 여성의 장점에 있으리라.'

특히 일본의 풍기風紀(풍속이나 풍습에 대한 기율)와 일반적으로 이를 비교할 때에 누구나 없이 저의 이 신념을 시증是證(바르게 증거함)하여 주었고, 저도 또한 일본을 오래 목격함에 이르러 더욱 확신을 굳게 하여 왔습니다. 더욱 성서를 알게 됨에 이르러 정조貞操 문제는 이것이 단지 "열녀불경이부烈女不更二夫, 충신불사이군忠臣不事二君"[1]에만 그치는 것이 아님을 알았습니다. 과연 정조 문제는 인생을 일관하는 근본 원리입니다. 단지 여성의 문제가 아니요, 동시에 남성의 문제이며, 단지 현세의 제도가 아니요, 과연 내세에 걸친 우주의 법입니다. 그러므로 그리스도는 자기와 교회의 관계를 신랑, 신부에 비유하셨고 그러므로 여호와 하나님은 불경이신不敬二神(두 신을 섬기지 않음)을 백성에게 엄명하셨습니다. 인류 중에 만일 가장 완전히 유일의 신을 신앙한 민족이 있었다면 이는 유대 민족이었을 것입니다. 인류 중에 만일 가장 완전히 정조의 도를 지켜 온 민족이 있었다 하면 이는 조선의 여성이었을 것입니다.

유대인의 장래에 희망을 가질진대 조선의 소생蘇生을 의심할 자 누

---

1. 《명심보감》 입교편立敎篇에 나오는 구절로, "열녀는 두 지아비를 섬기지 않고, 충신은 두 임금을 섬기지 않는다"는 뜻.

구입니까? 조선의 남성 특히 신인新人 청년들은 불신과 방종에서 점점 더 그 사멸의 속도를 가하는지 알지 못하나 오직 순수한 여성만은 진리에 살고 또 진리를 낳을 것입니다. 이것이 저의 자랑이 높고 우리들의 확신이 견고한 소이所以입니다.

그러나 근일의 소문은 어떠합니까? 만일 근년에 들리는바 서울을 중심으로 한 학생의 풍기, 각종 오락장에 현현되는 암흑의 형편, 아! 이것이 사실이라면 우리는 두 길의 하나를 취해야 할 기로에 섰습니다. 즉 선대의 조선 부녀와 현대의 조선 여성을 엄밀히 분류하여 우리의 자랑을 전자에만 한하거나, 그렇지 않으면 우리의 얼굴에 열화熱火(뜨거운 불길)를 지고 자존自尊의 비非(그릇됨)를 만국을 향하여 사과하고, 확신했던 위僞(잘못)를 지하에서 후회하여야 할 것입니다.

오직 우리는 상금尙今(이제까지, 아직도) 서생書生의 대안 생활이요, 실상實相에 미상未詳(자세하지 않음)합니다. 경홀히 상심하지 않고 다만 묻노니, 아! 한양의 딸들아! 군君(그대)들은 우리의 자랑을 이서裏書하여 우리의 머리를 더 높게 하겠습니까, 혹은 우리의 얼굴에 화로를 씌우고 조선의 전도前途(장래)에 영구히 암매暗昧(어리석고 사리에 어두움)를 가리우겠습니까. 아 조선의 딸들아! 아 한양의 딸들아!

제1호(1927. 7.)

포플러 나무 예찬 1

　낙락장송落落長松의 우거진 경개景槪(자연계의 아름다운 현상)가 장하지 않음이 아니나 백설白雪이 만건곤滿乾坤(하늘과 땅에 가득함)할 때 독야청청獨也靑靑할 만한 의열義烈(의기가 장렬함)의 사士가 아님을 어찌하며, 운표雲表(구름의 밖이나 위)에 우뚝 솟은 은행의 거수巨樹(거목)가 위관偉觀(훌륭하고 장엄한 광경)이 아님은 아니나 인의仁義의 기반을 세운 공부자孔夫子에게 경원敬遠하는 생각이 앞섬을 어찌하며, 매죽梅竹이 귀하지 않음이 아니나 시인 묵객墨客(먹으로 글씨를 쓰거나 그림을 그리는 사람)의 취흥을 손損(축내서 없어짐)할까 저어(염려하거나 두려워함)하니, 차라리 우리는 계변溪邊(시냇가)에 반열班列(차례) 지으며 혹은 고성古城에 외로이 솟은 포플러 나무를 우러러보고자 합니다.

포플러는 하늘을 향하고 삽니다. 인간 살림에 세력 투쟁이 있고, 국가 생활에 영토 확장의 야망이 없을 수 없는 것처럼 무릇 거대한 수목은 그 수세樹勢(나무의 자라나는 힘)를 널리 횡횡으로 펴서 '일장성공一將成功에 백골고百骨枯'[1]라는 셈으로 거수巨樹의 광활한 지엽枝葉(가지와 잎)이 임의로 무성茂盛을 극極하기 위해서는 그 전후좌우의 만초萬草가 고갈을 당하고야 맙니다. 오직 포플러 나무만은 횡으로 세력을 벌리려 하지 않고 종縱으로 하늘을 향하여 자라고 또 자라기만 합니다. 그 일직一直(언제나 한결같이)한 구간軀幹(몸통 부분)과 수직적으로 하늘을 향한 대지大枝(큰 가지), 소지小枝(작은 가지)는 호렙산 하下에서 기도하는 모세의 쾌(깍지, 열 손가락을 서로 엇갈리게 맞추어 잡은 상태)인가요, 겟세마네 동산에서 피땀 흘리시는 예수의 팔뚝인가요. 유한한 횡으로 살지 않고 무한한 종으로 하늘로 사는 포플러야말로 고귀합니다.

포플러는 비애의 나무입니다. 춘양春陽에 포플러의 신아新芽(새싹)가 발동發動하는 것처럼 생명의 약동을 우리에게 시현示顯(나타내 보임)하는 것이 다시없으니, 신춘新春의 포플러가 물론 가하며, 녹음방초승화시綠陰芳草勝花時[2]에 우후雨後(비가 온 뒤)의 천지를 새롭게 하는 포플러의 청풍이 또한 가상한 것임은 물론이나, 포플러의 본색은 아무

---

1. 원래는 "일장공성만골고一將功成萬骨枯(장수 하나가 성공하는 데 수많은 군졸의 희생이 따른다)"의 형태로 쓰이며, 당나라 조송曹松의 '기해세己亥歲'라는 시에 나오는 말이다.
2. '푸르게 우거진 나무 그늘과 향기로운 풀이 꽃보다 나은 때라는 뜻으로, 여름의 아름다운 경치를 이르는 말.

래도 추색秋色(가을의 경치)에 비창悲愴(마음이 슬프고 서운함)이 만신滿身(몸의 전체)함에 있는 듯합니다. 단풍이 붉음은 오히려 염태艶態(곱고 아름다운 모습)를 보이거니와 포플러 나무의 황엽黃葉(누렇게 된 잎)은 문자 그대로 처창悽愴(몹시 슬프고 애달픔)한 신세를 표현합니다. 고성古城에 외로이 솟은 포플러 한 그루가 풍우風雨에 부대껴 큰 줄기와 가는 가지까지 끌어 잡혔다가 풀리고, 휘어졌다가 다시 서는 광경이며, 만추晚秋의 석양을 황엽에 반영하면서 미풍에도 오히려 일엽一葉(한 잎)씩 귀근歸根(뿌리로 돌아감)하는 자태를 보십시오. 포플러의 장간섬지長幹纖枝(긴 줄기와 가느다란 가지)가 만신滿身에 비참을 머금은 것은 우리로 하여금 상복에 싸인 젊은 과부의 처지를 연상케 하거니와, 그보다도 오히려 깊고 높고 넓은 비통입니다. 실로 천재 레오나르도 다빈치의 '비애의 인人', 예수의 초상을 생각지 않고는 포플러 특유의 처참한 광경을 비길 데를 알지 못하며, 눈물의 예언자 예레미야의 한숨 소리 없이는 포플러의 낙엽을 차마 보지 못합니다. 천하의 비통을 일신에 머금은 포플러와 인류의 비애를 한 몸에 걸머진 예수!

포플러 나무는 지평선을 깨뜨립니다. 호주에는 유칼리수[3]라는 고목高木이 있다 하나, 우리 주위에는 100척尺[4] 내지 150척까지 천공에 솟은 포플러가 무엇보다도 고수高樹가 아닐 수 없습니다. 무릇 시기

---

3. 유칼립투스라고 부르며, 높이가 100미터 이상인 상록 교목 또는 관목을 말한다.
4. 1척은 약 30.3센티미터.

와 당쟁은 왜소에서 생깁니다. 홀로 운표雲表(구름 위)에 두각頭角을 두고 미풍과 전광電光(번개)에 전신이 진동하여, 책責하는 자 없어도 스스로 통회痛悔(몹시 뉘우침)하고 섰으니 그 민감敏感, 그 고결함이여, 놀랍습니다.

제70호(1934. 11.)

포플러 나무 예찬 2

　포플러는 그 간幹(줄기)이나 지枝(가지)나 다만 일직一直한 것 외에 볼 것이 없습니다. 기기묘묘한 곡절曲節(구부러진 마디)도 없고, 시선을 새롭게 할 만한 채색도 없습니다. 다만 푸르고 오직 곧고 길 뿐입니다. 그러므로 소위 수석水石을 즐기며 분재를 일삼는 이들에게는 포플러는 하등의 취할 점이 없으나, 우리에게는 그 취할 데 없는 점이 고귀합니다. 곡예와 술책은 모두 다른 나무에서 구하십시오. 그리고 오직 순직純直하고 단명單明(간단하고 명료함)한 것만을 포플러 나무에서 찾으십시오.

　고색창연한 것을 찾는 이는 포플러 나무의 새롭고 젊은 것이 불가하다 합니다. 과연 포플러 나무는 반도半島에 신래新來(새로 옴)의 객客

이니, 그 이름을 양류洋柳(서양 버드나무)라고도 하거니와, 포플러 나무가 보이는 데는 외래의 풍취가 없지 않고, 경박의 조자調子(가락)가 아주 없지는 않습니다. 그래도 포플러가 병렬한 제방은 수난水難과 풍재風災를 면하였다는 조징兆徵(징조)을 말함이 되고, 양류의 푸른빛이 울타리처럼 둘러싼 촌村은 신흥의 기운이 창일漲溢함을 시증示證하여 마지않습니다. 국수國粹(한 나라나 민족이 가진 고유한 장점)가 가可하고 전통이 귀하다 하나 청태靑苔(푸른 이끼)가 낀 와편瓦片(기와 조각)과 고총古塚(오래된 무덤)에서 나온 파환破環(부서진 조각)은 골동옥골董屋(골동품 가게)이나 고고학자의 한시일閑時日(한가로운 시기)에 맡기십시오. 생물은 새로울수록 그 생명이 왕성하니 적송赤松[1]을 심었던 것이 반도강산이 적독赤禿(벌거숭이)이 된 한 원인인 줄 알았거든 적송을 뽑고 세력 강성한 나무를 대식代植할 것이요, 구간舊幹이 고쇠枯衰하였거든 신아新芽를 접목하는 일이 지당하지 않습니까. 고古를 숭崇하고 구舊를 회懷한들 고각枯殼(말라 버린 껍질)이 된 후에야 무슨 소용이 있겠습니까. 고색古色(예스러운 풍치)을 자랑하는 불교도 가하지 않음이 아니요, 전통을 숭상하는 유교도 금할 것이 아니나, 문제는 생명의 역량입니다. 비록 반 세기의 역사만을 가졌을지라도 영혼의 오저奧底(깊은 바다)에서부터 생명 건축의 철추鐵鎚(쇠망치) 소리 씩씩하게 자라나는 기독基督의 산

---

1. 소나무를 목재로 사용할 때, 백송이나 곰솔(소나무과의 상록 침엽교목)을 이르는 말.

생명에 부딪쳐 볼 때에, 우리의 눈은 신래新來의 나무 포플러의 울창함을 쳐다보게 됩니다. 부럽습니다. 강안江岸에 선 포플러 나무의 새로운 생명, 꾸준한 생명.

  포플러는 그 세장細長(가늘고 김)한 자태로 인하여 그저 부드럽고 한갓 연약하여 여성적인 듯이도 보이나 이는 속단임을 면치 못합니다. 외관과 원경遠景이 여성같이 보이지 아니함이 아니나, 접근할 때에 그 거간巨幹(거대한 줄기)이 지축을 뚫고 나온 듯한 위세에 사람으로 하여금 압도케 함은 포플러 나무의 특성입니다. 높은 나무는 풍상風霜이 많습니다. 그 지엽이 미풍에도 진동함은 감상적인 여성보다도 예민하나, 대지에 떡 버티고 선 그 웅자雄姿(웅대한 자태)는 장부丈夫의 넋 그대로입니다. 유순할 대로 유순하면서도 성전聖殿을 도굴화하는 우리들을 향하여는 의분의 채찍을 휘날리지 않을 수 없었던 어린양을 병상竝想(함께 생각함)하면서 저 포플러 나무를 바라보십시오. 부드럽고도 굳센 것은 포플러 나무입니다.

제71호(1934. 12.)

부활의 봄

 춥지 않은 겨울이 없었건마는 최근 두 해 겨울은 각별히 추운 것 같았습니다. 시간에 따라 감각의 기억이 무디어졌음인지 먼저 겨울보다 지난겨울이 더 춥고 더 길었던 것 같습니다. 강과 산과 땅과 하늘까지 언 것 같을 때는 다시 봄이 올 것 같지 않았습니다. 입춘을 지난 후로 추위가 더 심해졌을 때는 영구한 겨울만 남은 것 같기도 했습니다.
 그러나 드디어 봄은 돌아왔습니다. 전체가 빙괴氷塊(얼음덩어리) 같던 지구덩어리도 무르녹아 생기가 돌기 시작했습니다. 만물이 모두 사死에서 생生으로 움직이기 시작했습니다. 이렇게 확실하게 현저하게 생명으로써 임하는 봄을 어찌하여 영원히 안 올 것으로만 알았을까요.

1년에 한 차례씩 춘하추동의 순환을 치르기가 무릇 40여 회를 거듭하였어도 당하기 전에는 안 올 것 같고 당해 보고는 그 절대絶大(매우 큼)한 조화에 놀라게 되거늘, 하물며 일생에—전만고前萬古 후만고後萬古에[1]—한 번만 통과할 수 있는 죽음의 겨울과 부활의 봄을 오히려 의아해 하기로서 구태여 꾸지람할 것 있겠습니까.

모진 동결凍結은 고통과 절망을 심각하게 하나 춘양春陽의 기쁨을 절대絶大하게 합니다. 지금 우리에게 임하는 모든 동상凍傷은 춘양의 부활을 확연히 하고자 하는 데 없을 수 없는 과정입니다. 우리의 소망은 오직 부활에 있고 부활은 봄과 같이 확실히 임합니다.

제158호(1942. 3.)

---

1. 전만고前萬古는 '오랜 옛날부터 지금까지' 후만고後萬古는 '지금부터 앞으로 오랫동안'을 의미한다. 일반적으로 모든 과거와 미래를 통틀어 일컬을 때 사용한다.

낙담하지 않는다

 우리는 토기 같은 그릇이요, 파편 같은 존재입니다. 학學에 깊지 못하고 덕德에 높지 못한 것은 물론입니다. 그러나 우리가 전달하려는 것은 자아가 아니요, 오직 그리스도 예수가 구주인 것과 우리가 예수의 연고緣故로 모든 사람에게 종노릇하여 섬기려고 하는 일뿐입니다.
 전달하는 일이 막힐 때에는 예수 그리스도의 얼굴에 나타난 하나님의 영광을 아는 지식에만 일취월장하기를 기원하여 마지못하나니, 이는 우리의 본직本職(기본으로 삼고 있는 일)이 잡지 발간도 아니요, 집회 개최도 아닌 까닭입니다. 우리는 오직 믿음에 거하여 살고 있으면 족합니다. 그것이 전도도 되고 사업도 될 것입니다. 사방에서 환난이 임하되 궁하지 않고, 진퇴유곡進退維谷인 듯하되 희망을 버리지 않으며, 핍박받되 주님의 저버림이 되지 않고, 공격받아도 아주 멸망되지 않고 견디어 나가는 것은 질그릇에서 예수의 생명이 나타나기 위함인 줄로 확신합니다.

우리의 소유물은 소진되고 우리의 외양外樣은 날로 후패朽敗하되, 우리가 예수를 아는 지식은 날로 부요해지고 속사람이 날로 새로워질진대 지금 받는 환난은 장차 나타날 영원한 영광에 비하여 도리어 가볍습니다. 고로 우리에게 낙망落望이 없습니다.

제143호(1940. 12.)

김교신 연표

1901년 4월 18일　함경남도 함흥 사포리에서 김염희과 양신의 장남으로 출생.
1903년　부친 김염희, 21세의 나이로 별세.
1916년　함흥공립보통학교 졸업.
1919년 3월　함흥공립농업학교 졸업.
　　　　　일본으로 건너가 도쿄 세이쇼쿠正則 영어학교에서 수학.
1920년 4월　도쿄 시내에서 성결교회 전도인의 설교를 듣고 기독교에 입신할 것을 결심.
6월　세례를 받았으나 교회 내분에 충격을 받고 교회를 나옴.
1921년　우치무라 간조의 문하에 들어가 7년간 성서를 배움.
1922년 4월　도쿄고등사범학교 영어과 입학. 이듬해 지리박물과로 전과.
1927년 3월　도쿄고등사범학교 이과理科 제3부 졸업.
1927년 4월　귀국하여 함흥 영생여자고등보통학교 교사로 취임.
1927년 7월　송두용, 함석헌, 양인성, 유석동, 정상훈 등 6인의 동지와 잡지 〈성서조선〉 창간.

1928년 3월	서울 양정고등보통학교 교사로 취임.
1930년 5월	〈성서조선〉 제16호부터 주필이 되어 책임편집 담당.
1930년 6월	서울에서 '성서연구회'를 개최하여 10여 년간 지속.
1940년 3월	양정고등보통학교 교사 사임.
1940년 9월	제일고등보통학교에서 교편을 잡았으나 불온사상가라는 이유로 6개월 만에 쫓겨남.
1941년 9월	개성 송도고등보통학교 교사로 부임.
1942년 3월	〈성서조선〉의 권두언 '조와'가 발단이 되어 '성서조선 사건'이 일어나게 됨. 필진을 비롯하여 구독자들과 함께 검거되어 1년간 감옥에 갇힘.
1943년 3월	불기소처분으로 출옥.
1944년 7월	함흥 흥남질소비료공장에 입사하여 3,000여 조선인 노동자들의 복지와 교육, 의료, 주택 등의 개선에 힘을 쏟음.
1945년 4월 25일	공장 노동자의 병간호 중 전염되어 발진티푸스로 갑작스럽게 별세.

김교신 연구를 위한 참고문헌

1차 문헌 자료

〈성서조선〉, 제1호(1927. 7.) – 제158호(1942. 3.), 성서조선사.

노평구 엮음, 《김교신전집》 1. 인생론, 도서출판 부키, 2001.
_____, 《김교신전집》 2. 신앙론, 도서출판 부키, 2001.
_____, 《김교신전집》 3. 성서개요, 도서출판 부키, 2001.
_____, 《김교신전집》 4. 성서연구, 도서출판 부키, 2001.
_____, 《김교신전집》 5. 일기I, 도서출판 부키, 2002.
_____, 《김교신전집》 6. 일기II, 도서출판 부키, 2002.
_____, 《김교신전집》 7. 일기III, 도서출판 부키, 2002.
_____, 《김교신전집》 별권: 김교신을 말한다, 도서출판 부키, 2001.

2차 문헌 자료

단행본

김정환, 《김교신: 그 삶과 믿음과 소망》(한국신학연구소, 1994).
노평구, 《김교신과 한국: 신앙, 교육, 애국의 생애》(일심사, 1985).
서정민, 《겨레사랑 성서사랑 김교신 선생》(말씀과 만남, 2002).

양현혜, 《윤치호와 김교신: 근대 조선에 있어서 민족적 아이덴티티와 기독교》(한울, 1994).

이진구, 《무교회란 무엇이냐?》(도서출판 보람, 2003).

연구 논문과 학위 논문

김은섭, 〈김교신의 역사인식〉, 연세대학교 대학원 신학과 박사학위논문 (2004).

김정환, "김교신-민족적 기독교를 통한 종교입국 주창자", 〈한국사시민강좌〉 30집(2002), 일조각.

노치준, "김교신의 기독교 사회사상 연구", 〈사회와 역사〉 제42권(1994), 한국사회사학회.

모리야마 코지森山浩二, 〈김교신 연구-일제식민지하의 한 한국 기독교인에 대한 고찰〉, 고려대학교 대학원 석사학위논문(1980).

백소영, "김교신의 전적 기독교", 〈기독교사상〉 제540권(2003), 대한기독교서회.

_____, "김교신의 '서당식' 기독교", 〈기독교사상〉 제541권(2004), 대한기독교서회.

서정민, "김교신의 생명 이해", 〈한국기독교와 역사〉 제20호(2004), 한국기독교역사연구소.

양현혜, "김교신과 무교회주의 (1)", 〈기독교사상〉, 제425권(1994), 대한기독교서회.

_____, "김교신과 무교회주의 (2)", 〈기독교사상〉, 제426권(1994), 대한기독교서회.

_____, "김교신과 무교회주의 (3)", 〈기독교사상〉, 제427권(1994), 대한기독교서회.

_____, "김교신과 조선의 상대적 중심성", 〈한국기독교신학논총〉 제14호 (1997), 한국기독교학회.

_____, "김교신과 조선의 상대적 중심성의 발견", 〈한국교회사학회지〉 제7호(1998), 한국교회사학회.

_____, "김교신, 함석헌 그리고 우찌무라 간조", 〈한국교회사학회지〉 제18호(2006), 한국교회사학회.

이은숙, "김교신의 지리사상과 지리학 방법론: 조선지리소고를 중심으로", 〈문화역사지리〉 제8호(1996), 한국문화역사지리학회.

임희숙, "김교신의 민족교육과 기독교", 〈신학사상〉 제128집(2005), 한국신학연구소.